図を見るだけで「ざっくり」わかる！

教育費の不安にこたえる本

ファイナンシャル・プランナー
前野彩

日経BP

教育費の不安にこたえる本〈目次〉

Chapter 1

学費・塾&習い事・留学費

Chapter 2

実は簡単♪ 教育費の準備方法
貯蓄・NISA・教育費節約の裏ワザ

Chapter 3

メリハリ家計のつくりかた

Chapter 5

子育て家庭の住宅戦略
賃貸vs持ち家・住宅ローン

Chapter 6

子どもに迷惑をかけない老後をつくる 老後の年金・iDeCo

はじめに

お金の不安を無くすカギは「ざっくり」知ること。
その一歩を踏み出してほしくて、この本をつくりました。

子どもと過ごす時間の中で、「もっと収入が高かったら」「もっと貯蓄があったら」と思ったことはありませんか？　でも、子育て家族にとって「お金を貯めることとイコール幸せ」ではありません。生きていくためにはお金が必要ですが、お金は生活するための「道具」です。道具だからこそ使いかたがわかれば、必ず上手に使えるようになります。

とはいえ、わたしたちは学校でも社会でも、お金について学ぶことなく大人になりました。はじめて学ぶお金について緻密な話をされても、おなか一杯になってしまうでしょう。

そこでこの本では、「ざっくり知ること」を目的として、図表を見るだけで、全体像がつかめる本を心がけました。

どんなに丁寧な計画を立てても、予定外のことは起こります。どんなに正確に制度を覚えても、改正があります。また、あなた自身の考えかたも子どもの成長によって変わるかもしれません。だからこそ、「この時期はこれぐらいのお金がかかるんだ」「へぇ～、こんな制度があるなら、ちょっと検索してみよう」「地方はこれぐらいが平均なんだ」などと、「ざっくり知ること」でお金の不安を軽くしてほしいのです。

特に子育て世帯では、「子どもにできる限りの教育を受けさせてあげたい」と、無理な節約や過剰な我慢、偏った投資や家計管理を行う人もいます。でも、大事なことは「いくらかかるか」ではなく、「いくらかけるか」というあなたの教育方針とお金の知恵です。

例えば年齢差がある夫婦では、子どもの就職前に夫が退職することを不安に思う妻も少なくありません。でも、年齢差をプラスに考えてみませんか？　同い年夫婦なら同時退職で一気に収入が減りますが、年上の夫が一足先に年金という安定収入になり、年下の妻の給与収入が続くなら、収入減少のカーブはゆるやかです。もしかしたら収入が減るからこそ、高校無償化制度の対象になるかもしれません。

また、夫婦それぞれが年収７００万円以上というパワーカップルの中には、子どもの情操教育にお金をかけ、私立の学校を希望する夫婦も多いようです。でも、高収入であるがゆえに保育料は高く、国による高校や大学の授業料無償化制度は利用できません。また、奨学金や国の教育ローンも対象外だからこそ、早めの教育資金準備が欠かせません。

一方で、収入が少ないと感じている非課税世帯やひとり親世帯では、教育費の負担に大きな不安を抱えていらっしゃいます。でも、ここでも発想の転換です。収入が少ないからこそ、授業料無償化や大学の給付型奨学金の利用ができます。また、子どもが多い家庭では習い事などを諦める傾向がありますが、子どもが3人以上いるからこそ、手厚い児童手当や授業料無償化、自治体によっては独自の補助制度なども利用できます。

このように、どんな家族もお金の知識は必要ですし、家庭に合った準備方法が存在します。お金は道具だからこそ、使いかた次第で未来は変えられるのです。

教育費は「ざっくり」知って、「コツコツ」準備。

家計は「がっちり」学んで、「かしこく」実践。

あなたが幸せと感じるお金の使いかたと貯めかたを、一緒に見つけていきましょう。

2024年8月 ファイナンシャル・プランナー 前野彩

※本書は2024年10月以降の改正内容を反映しています。

Chapter 0

これだけ知れば
怖くない！

教育費&子育て費
キホンのキ

さぁ、子育てスタート！ 出産費用は平均48万円。でも自己負担はゼロ円!?

出産費用の全国平均額は約48万円ですが、加入している**健康保険から「出産育児一時金」として子ども1人につき50万円**を受け取ることができます。

さらに国からは**妊婦のための支援給付として、妊娠届の提出後に5万円、出生届の提出後に子ども1人につき5万円、合計10万円**の給付があります。つまり、平均出産費用の48万円に対して、合計60万円の給付があるから、最終的な自己負担額はゼロ円で済むのです。

出産や子育てに関する支援策は、先輩ママ・パパの時代から年々手厚くなっていますが、重要なことは「自分で申請する」こと。

出産育児一時金は加入する健康保険に申請し、妊婦のための支援給付は自治体で手続きをしなければ受け取れません。言い換えると、申請さえすれば受け取れるお金です。

国や自治体などの子育てサポートを賢く使って、お金の不安を減らしましょう！

出産にかかわるお金

支出

平均出産費用
約48万円

収入

妊婦のための支援給付
10万円

健康保険から
受け取る
出産育児一時金
50万円

出産の平均費用は地域によって変わる

高い ⟷ 安い

全国平均	東京都	神奈川県		沖縄県	熊本県
約48万円	約61万円	約55万円		約37万円	約36万円

※「厚生労働省保険局第167回社会保障審議会医療保険部会資料」のデータを基に作成

児童手当は高校卒業まで。子ども1人ざっくり240万円を受け取れる!

「児童手当」は、子どもが生まれてから高校を卒業するまでの間、2カ月に1回、国から振り込まれる給付です(所得制限はありません)※。

児童手当の金額は0~2歳までは月額1万5000円、3歳以上18歳の年度末(高校卒業)までは月額1万円ですから、**すべて貯めると約240万円**になります(誕生月により235万~246万円)。さらに、**第三子以降は月額3万円**が受け取れます。第三子とは、出産人数ではなく「22歳の年度末まで」に該当するきょうだいのうち3番目の子を指します。例えば2歳差での3人きょうだいなら、第三子が受け取れる児童手当の総額は約670万円。3人分を合計すると、ざっくり1150万円にもなるから助かりますね。

児童手当は、子どもが生まれてから15日以内に市区町村役場で手続きします。手続きが遅れた分は支給されないため、出生届と同時に行いましょう。

※児童手当に関する情報は、2024年10月の制度改正を反映

ひと月あたりの児童手当の金額

	0歳～2歳まで	3歳～高校生（18歳の年度末）
第一子・第二子	1万5000円	1万円
第三子以降	3万円	

※第三子とは、子どもの出産人数でなく「22歳の年度末まで」に該当するきょうだいのうちの3番目の子を指す

2歳差で子ども3人のわが家の児童手当はいくら？

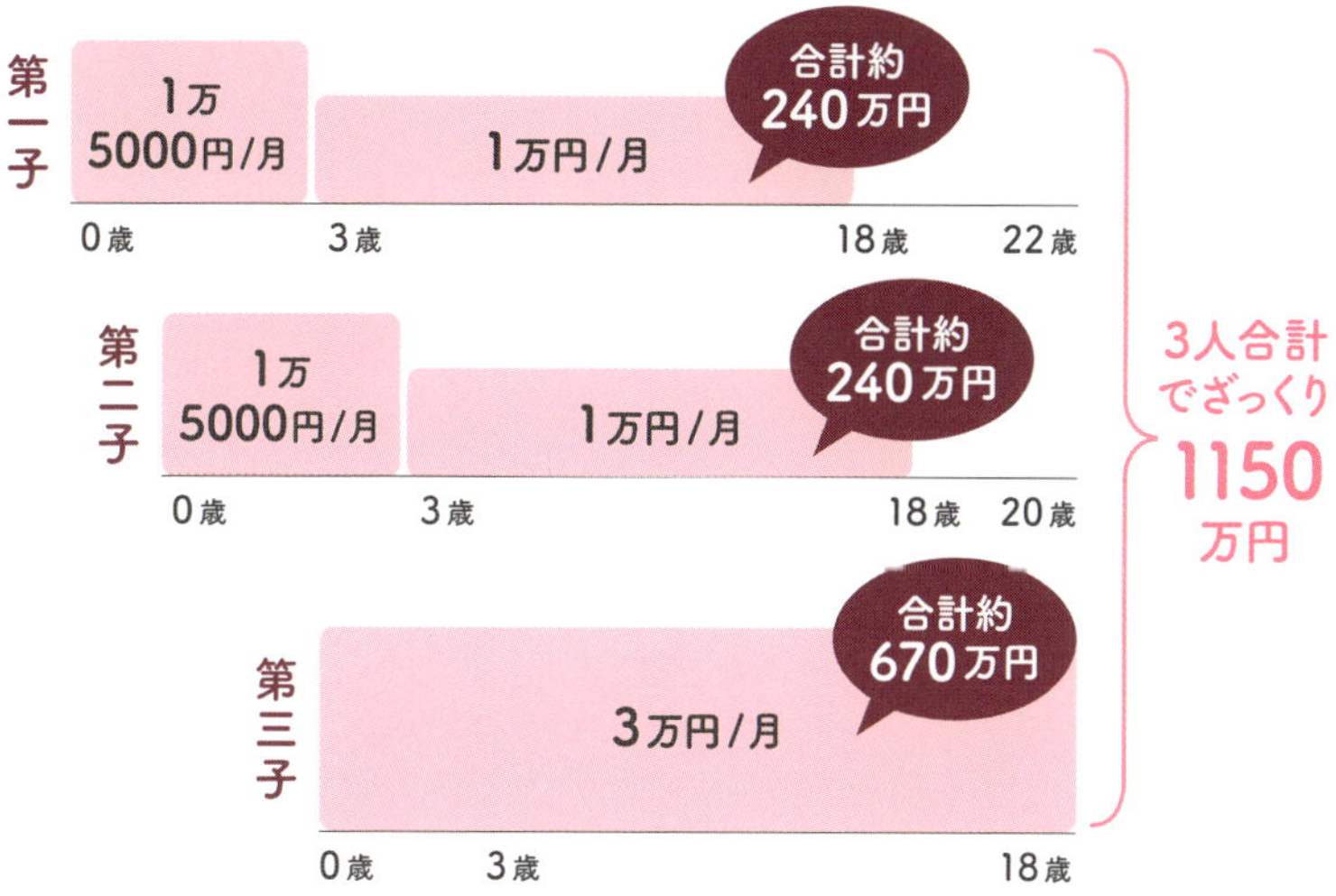

※18歳・22歳とは、それぞれの年齢の年度末を指す

働くママ・パパには「産休」「育休」の給付金もある！

妊娠がわかったら、市区町村役場で「妊婦健康診査費用助成」の手続きを取ります。申請するだけで、自治体からの補助を使って少ない負担で受診できます。

働くママは、**出産予定日の42日前&産後56日目まで「産休」が取得できます。**また、**会社員などの勤務先の健康保険に加入しているママは、産休中に「出産手当金」として、給料日額相当分の3分の2を受け取る**ことができます（パパの健康保険の扶養に入っているママやフリーランスのママが加入する国民健康保険に出産手当金はありません）。

さらに、会社員などの雇用保険に加入しているママやパパには、育児休業（「育休」）があり、「育児休業給付金」を受け取ることができます。**育児休業給付金は、当初6カ月間は給料日額相当分の67%、半年経過後から子どもが1歳になる前日までは50%**です（保育園に入れなかったときは2歳まで）。

最近は、国がパパの育休取得に力を入れています。144ページもご覧くださいね。

妊娠・出産・育休でもらえるお金

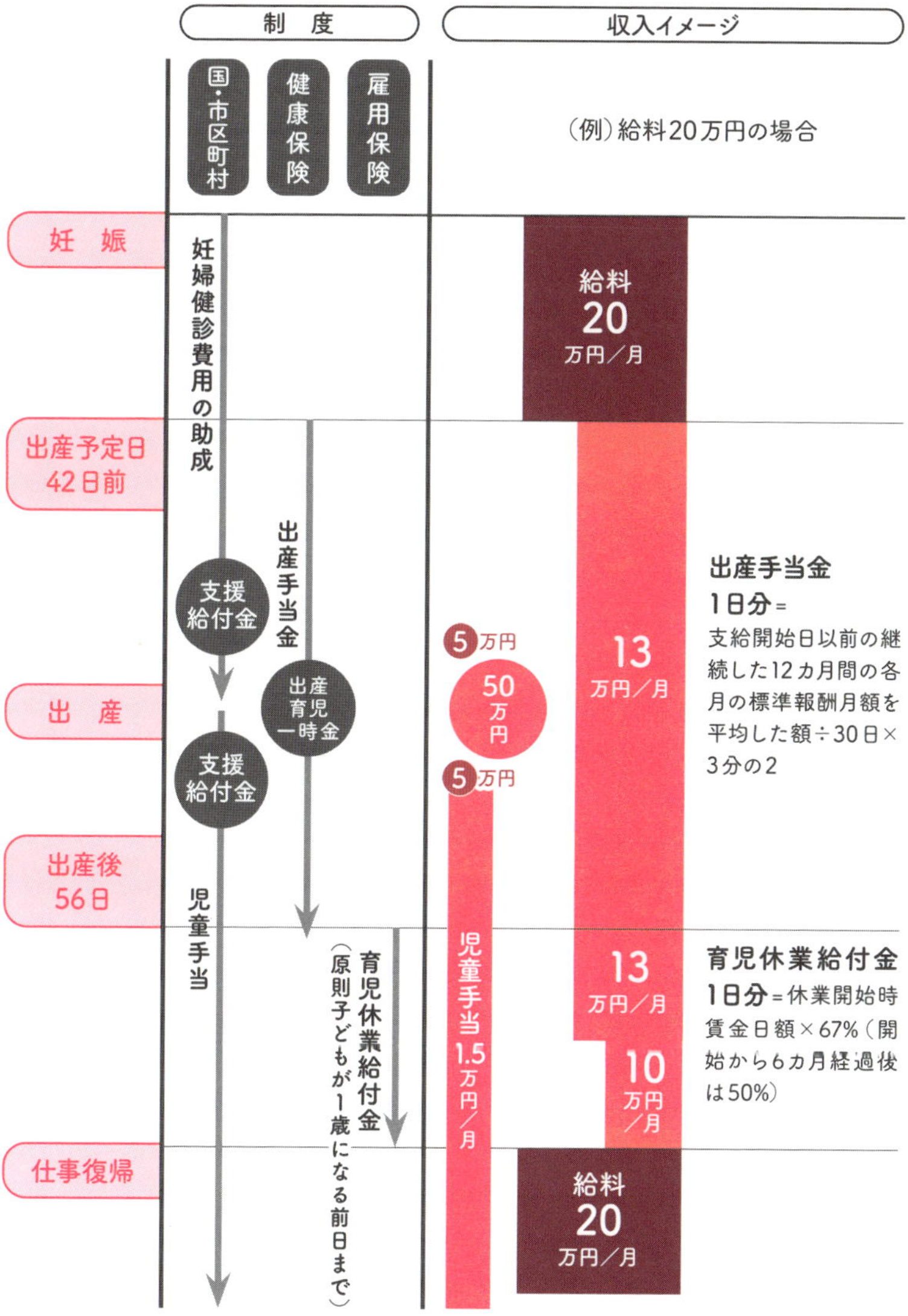

※実際の給付時期は、請求時期により異なる

子どもの教育費は「三角形＋四角形」で用意する

教育費は、子どもが生まれたときから「いつ」「いくら」必要かの目安がわかる支出です。**そこで、大学費用は「三角形」でコツコツ貯めつつ、毎月の教育費は「四角形」で家計からコツコツ支払う**「ざっくり」教育費の考えかたをご紹介します。

左の図をご覧ください。上部の「三角形」が、児童手当を積み立てて大学資金にする方法です。大学費用は前期・後期などでまとめて支払うことが多いため、子どもが生まれたときから毎月お金を積み立てて乗り切ります。

一方で、図の下側にある「四角形」は学校関係費用と塾や習い事などの学校外費用で、これらは毎月の家計からの支出です。保育園・幼稚園から高校卒業までの教育費は、毎月の家計からやりくりします。

「三角形＋四角形」の金額を「ざっくり」押さえて、「コツコツ準備＆コツコツ支払い」で、乗り切りましょう！

教育費は「三角形＋四角形」

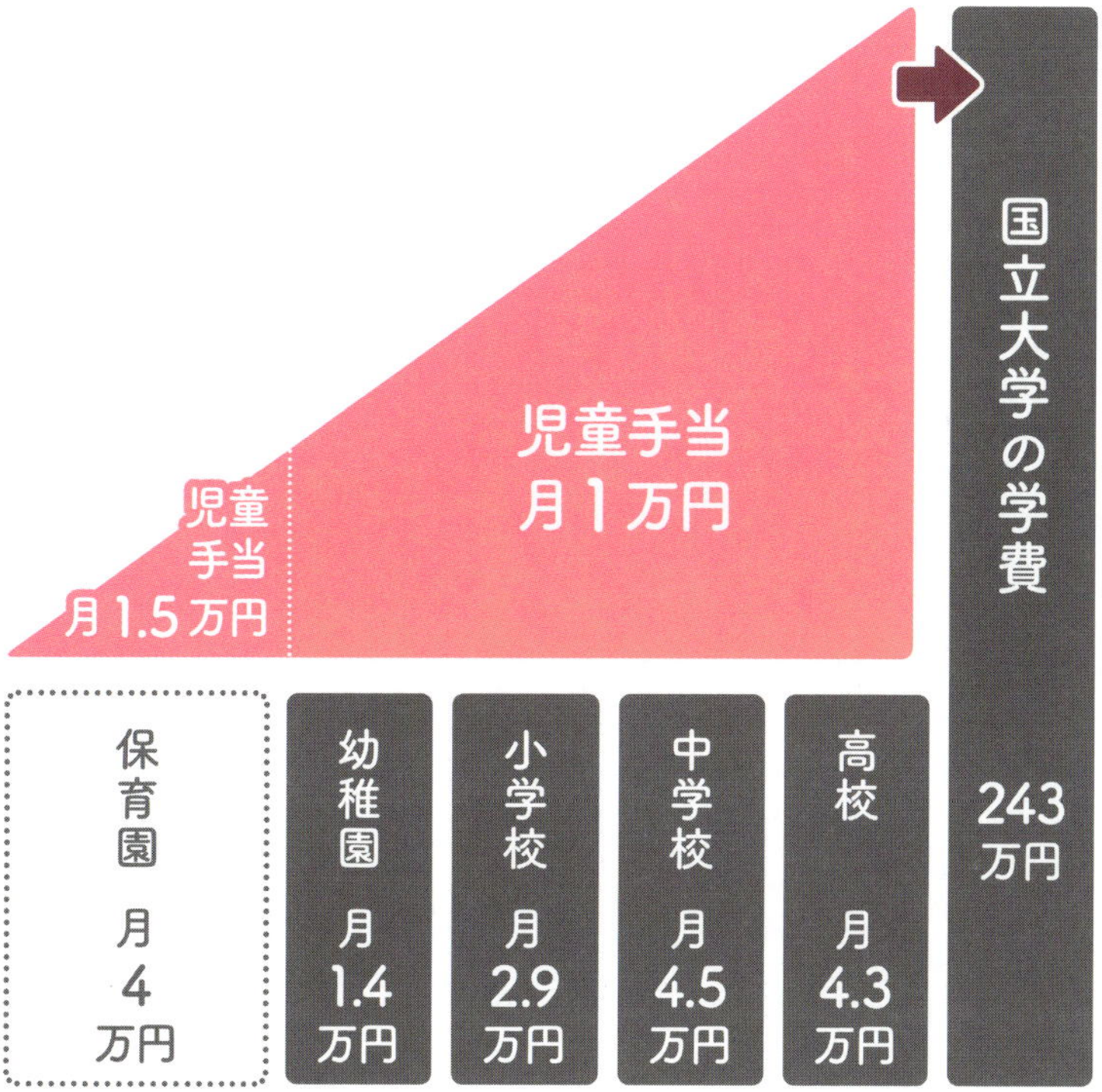

※公立保育園・幼稚園・学校にかかるお金

大学用の貯蓄は三角形
＋
毎月の教育費支出は四角形

国立大学の学費は、「児童手当」を「自動積立」で準備。240万円貯まるから安心！

ママ・パパが気になる大学資金の準備は、実はとっても簡単。先ほどの「三角形」貯蓄として、「児童手当」を「自動積立」するだけでいいんです。

子どもが生まれてから受け取る**児童手当を全部貯めると、3月生まれの子どもでも高校卒業時には235万円貯まります。国立大学4年間にかかるお金は合計243万円ですから、児童手当でほぼ賄えますね。**

自動積立のコツは、給料の振込口座とは別の「児童手当専用口座」をつくること。

児童手当は、親名義の口座に振り込まれます。子ども名義の貯蓄にするために、わざわざ親の口座から子どもの口座に移し替える人もいますが、長続きする貯蓄のコツは、手間をかけないこと。きょうだいが何人いても、「子どもの国立大学資金は、すべて親名義の児童手当専用口座に準備できているから大丈夫！」と「ざっくり」考えましょう。

国立大学の学費は児童手当で目標達成

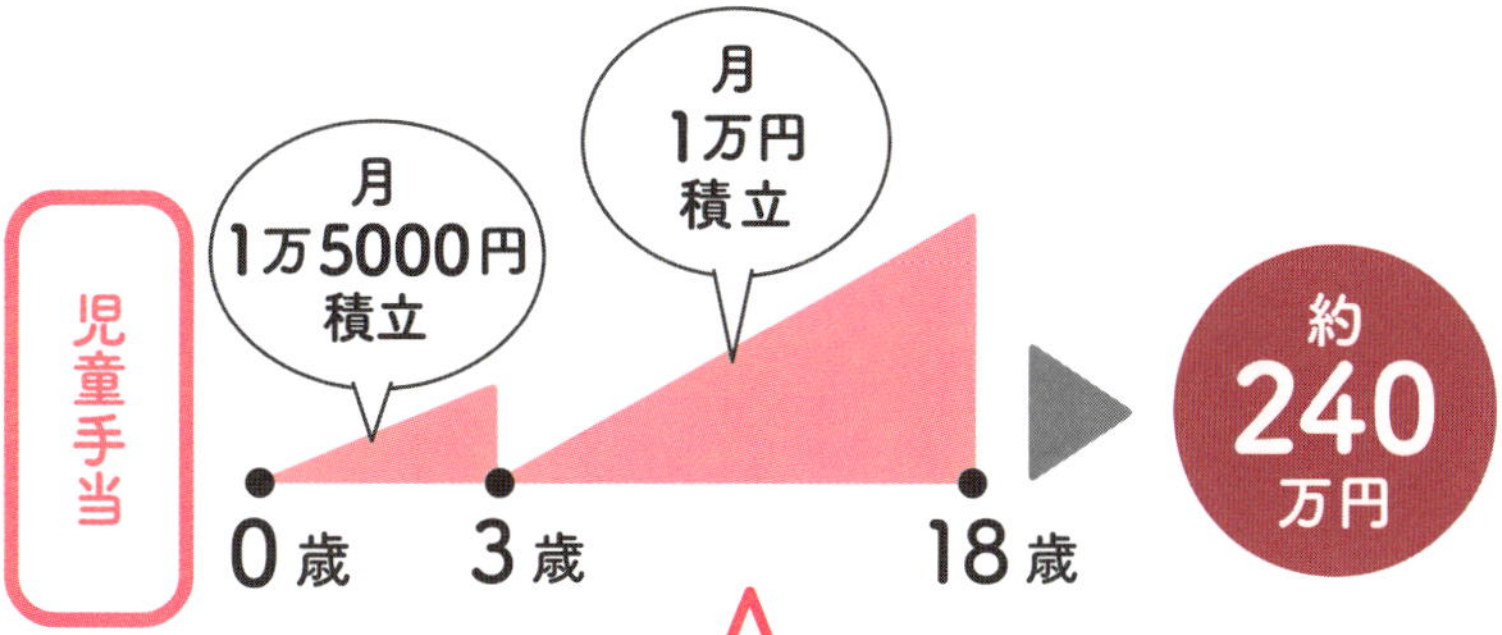

国立大学の学費は
「児童手当」を
積み立てたら
大丈夫！

※18歳とはここでは「18歳の年度末」を指す。
※実際に貯まる児童手当の金額は子どもの誕生月によって異なる（例：4月生まれだと246万円、3月生まれだと235万円）

	国立大学
在学期間合計（入学金＋授業料など）	243万円

※文部科学省「国立大学の授業料その他の費用に関する省令」の標準額に基づく額

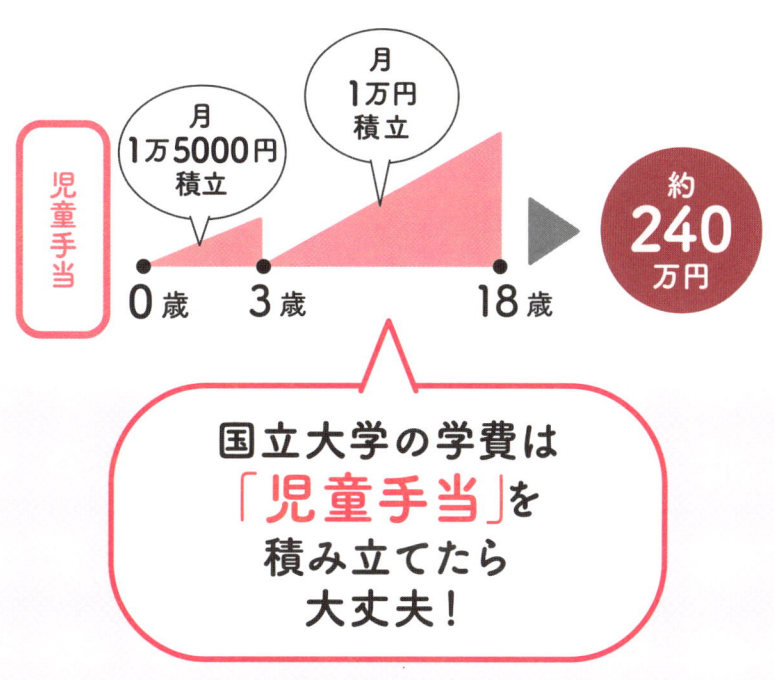

子育て世帯の貯めどきは3回。「小学校入学前」「小学校」「大学以降」

将来のことを真剣に考えれば考えるほど、教育費以外にも、家族旅行や家電製品の買い替え、車の買い替えにマイホーム資金、リフォーム費用、老後資金など、さまざまなライフイベントにお金が必要になることに気づくことでしょう。

「お金を貯めたいのに、貯蓄ができない」と、将来を考えてストレスを感じる人は少なくありません。でも、不安に思わなくても大丈夫！

子育て世帯には、3回の貯めどきがあります。

1回目は幼保無償化がある「小学校入学前」、2回目は教育費が少ない「公立小学校に通っている間」、そして3回目は、「子どもが高校を卒業してから親が退職するまでの間」。この期間をしっかり活用しましょう。

3回の貯めどきを逃さない!

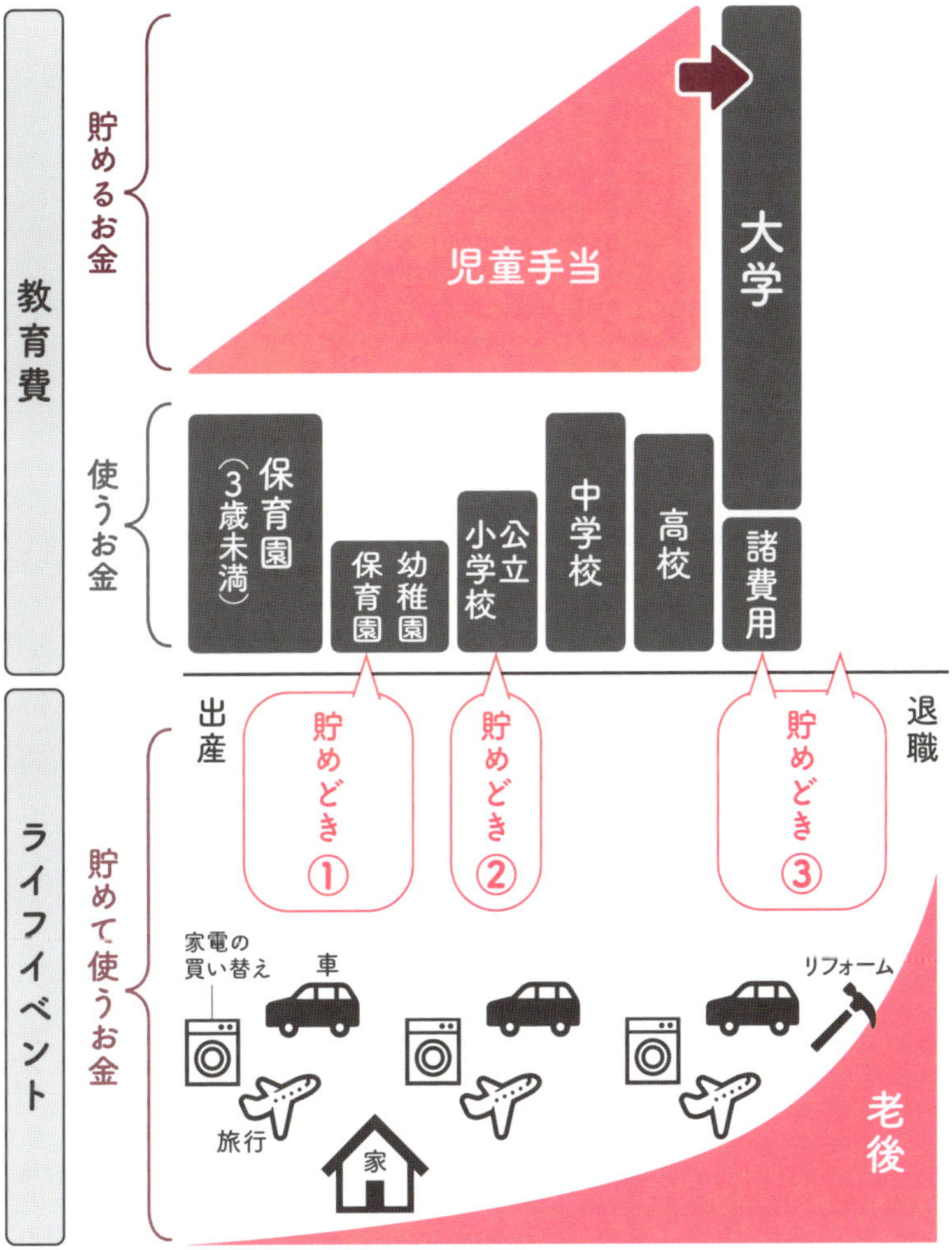

1回目の貯めどきは小学校入学前

まずは、子どもが保育園に通う場合です。共働き世帯にとっては、産休&育休で収入が下がり、復帰後も時短勤務なら収入は元には戻っていません。そのうえ、保育料はひと月4万〜5万円かかるので、家計の把握が難しい時期といえます。そこで**保育園コースの貯めどきは、「保育園の無償化が始まってから」**と割り切って、無償化で浮いた保育料を貯めましょう。

幼稚園コースの場合は、幼稚園に入園する前が貯めどきです。34ページを参考にして、例えば「毎月2万円の幼稚園&習い事代を払っているつもり貯蓄」をしておくと、入園までにまとまった貯蓄ができます。

2回目の貯めどきは小学校

時短勤務の期限は3歳ですが、企業によっては小学1年生や3年生、小学校卒業までなど独自の取り組みをしているところも少なくありません。「小1の壁」と呼ばれる時期は、保育園ほど遅くまで子どもを預かってもらえないため、学童保育や習い事の費用が一時的に増える期間です。この1年間の支出は、長い人生の中での必要経費と割り切りましょう。

また、子どもが小学校に通うようになると、フルタイム復帰やパート勤務の開始などで収入が増える世帯が多くなります。増えた収入分は目的別にコツコツ貯めていきましょう。

塾や習い事の費用は子どもの成長とともに増えていきます。だからこそ、子どもが小さいうちからの貯める習慣が重要です。

3回目の貯めどきは大学入学後から

国立大学に必要なお金は、児童手当を貯めることで準備ができているはず（私立大学の準備は、72ページ以降でお伝えします）。

大学入学後は、高校時代にかかっていたお金を「高校費用を払っているつもり貯蓄」にして、老後資金のラストスパートにしましょう。

Chapter

1

子育て費用は「ざっくり」わかれば大丈夫

学費
塾&習い事
留学費

教育費は「いくらかけるの？」が正解！「毎月かかるお金」がわかれば乗り切れる

世の中には、子ども1人にかかるお金は2000万円、いや、3000万円……という情報が飛び交っているようです。でも、教育費はマイホームのように一度にお金が必要になるわけではありません。

かしこい家族は「総額」ではなく**「毎月かかるお金」で考えます**。

さらには「正確」な金額ではなく全体像を**「ざっくり」つかみます**。

そして、塾代などを含めて「いくらかかるか」ではなく、**「いくらかけるか」で教育費の準備をします**。

教育費の総額をネットで調べて不安に思うより、「お金がかかる中学校・高校時代も、月額4万～5万円あれば乗り切れる！」と具体的な数字をざっくり知って、前向きに考えていきましょう。

総額ではなく、
「毎月かかるお金」で考える

正確な金額ではなく、
「ざっくり」をつかむ

いくらかかる? ではなく、
「いくらかける?」で準備する

1歳児の保育料は、世帯年収700万円で月4万円

共働き世帯は約7割となり、1歳から保育園を利用して職場復帰する家庭が増えました。**認可保育園の保育料は、夫婦の「市区町村民税の所得割」の合計額を基に決まります。**保育料は、住んでいる自治体によって異なりますが、世帯の目安年収が400万円の家庭で月額3万円前後、目安年収が700万円で4万円前後です。

また、**きょうだいが同時に通う場合**の保育料は2人目半額、3人目無料です。自治体によっては、2人目からの無料制度や独自給付もあるため、引っ越しを考える際は、保育料や学童保育などの制度を自治体サイトで確認しておきましょう。

なお、認可外保育園の料金は千差万別。認可保育園と同じ程度の料金の園もあれば、月20万円以上するケースもあります。

2026年度からは、親が働いていなくても子どもを預けられる「子ども誰でも通園制度」が全国で本格スタートします。

「3歳まで」の保育園にひと月にかかるお金

	世帯年収400万円（300万円＋100万円 市区町村民税所得割:10万円）	世帯年収700万円（400万円＋300万円 市区町村民税所得割:17万円）
札幌市	3万250円	4万5870円
東京都（品川区）	2万2800円	3万500円
名古屋市	2万5800円	3万4900円
大阪市	2万8300円	4万5100円
福岡市	3万1900円	4万4600円

※各自治体のホームページより作成（2024年4月時点）
※「世帯年収400万円」は年収300万円と100万円、「同700万円」は年収400万円と300万円の、それぞれ共働き夫婦の場合

世帯年収400万円だと
約3万円／月
世帯年収700万円だと
約4万円／月

3歳からは保育園も幼稚園も「無償化」。公立なら月1万円台に

3〜5歳児クラスの保育園・幼稚園の利用料は、無償化されています。無償化に公立・私立の区別はなく、手続きも不要です。共働きで高い保育料を負担していた世帯はもちろん、幼稚園の入園を考えるママ・パパにもうれしい制度です。

幼稚園は、満3歳から無償（月額2万5700円を上限）で入園できます。

保育園では、3歳になった後に最初に迎える4月からの保育料が無償化の対象になります。

なお、利用料は無償化されていますが、通園のバス代や給食費、行事費用などは必要です。園によって負担額は異なるものの、公立では月額6000円ほどです。

幼稚園の預かり時間は園によって変わります。教育時間は朝9時から午後2時が標準ですが、預かり保育を行う幼稚園では、朝7時から夜6時までなど、前後の時間も預けることができます。保育園にはない夏休みや冬休み、春休みがあることも幼稚園の特徴です。

「3歳から」の幼稚園時代に ひと月にかかるお金

		公立 幼稚園	私立 幼稚園	
ひと月の費用		1万4000円	2万6000円	
1年間	学校関係費用	7万円	16万円	かかるお金
1年間	学校外費用	9万円	14万円	かけるお金
1年間	合計	17万円	31万円	

- 学校関係費用／給食費、通園のバス代、行事費用など
- 学校外費用／習い事の月謝や交通費など

※文部科学省「令和3年度子供の学習費調査」のデータを基に計算。
※端数処理により、合計額が一致しない場合がある

3歳からは2万円／月

子どもの「習い事」は何をやってる？　いくらかかってる？

子どもが成長してくると、子どもの興味や才能を伸ばしてあげたい気持ちが高まりませんか。今の時代の習い事はバラエティーに富んでいますから、いろんなことを体験させてあげたいと思ったり、他の子どもが習っている習い事が気になったりするようです。

そこで、日経クロスウーマン編集部（ＤＵＡＬ）によるアンケート調査から、子育てファミリーの今どきの習い事事情を見てみましょう。

習い事ランキング

日経クロスウーマンが行った共働きママ・パパに向けてのアンケートでは、習い事を始めたのは「年少」が最も多く、次いで「年中」と続きます。小学校に上がる前から習い事を始めている家庭が多いことがわかりますね。

習い事、みんなは何をやっている？

習い事は何歳から始めましたか？

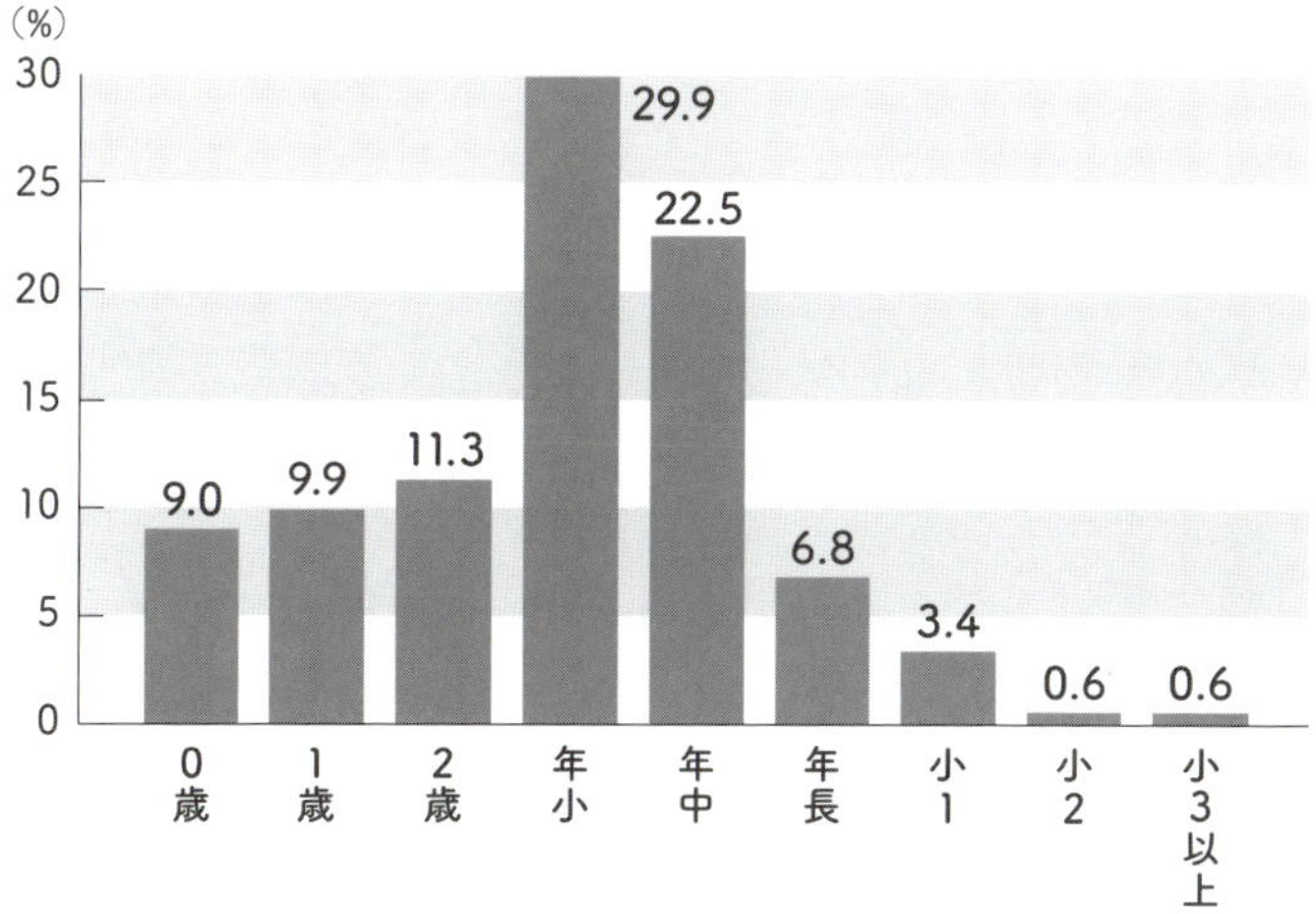

人気の習い事TOP15

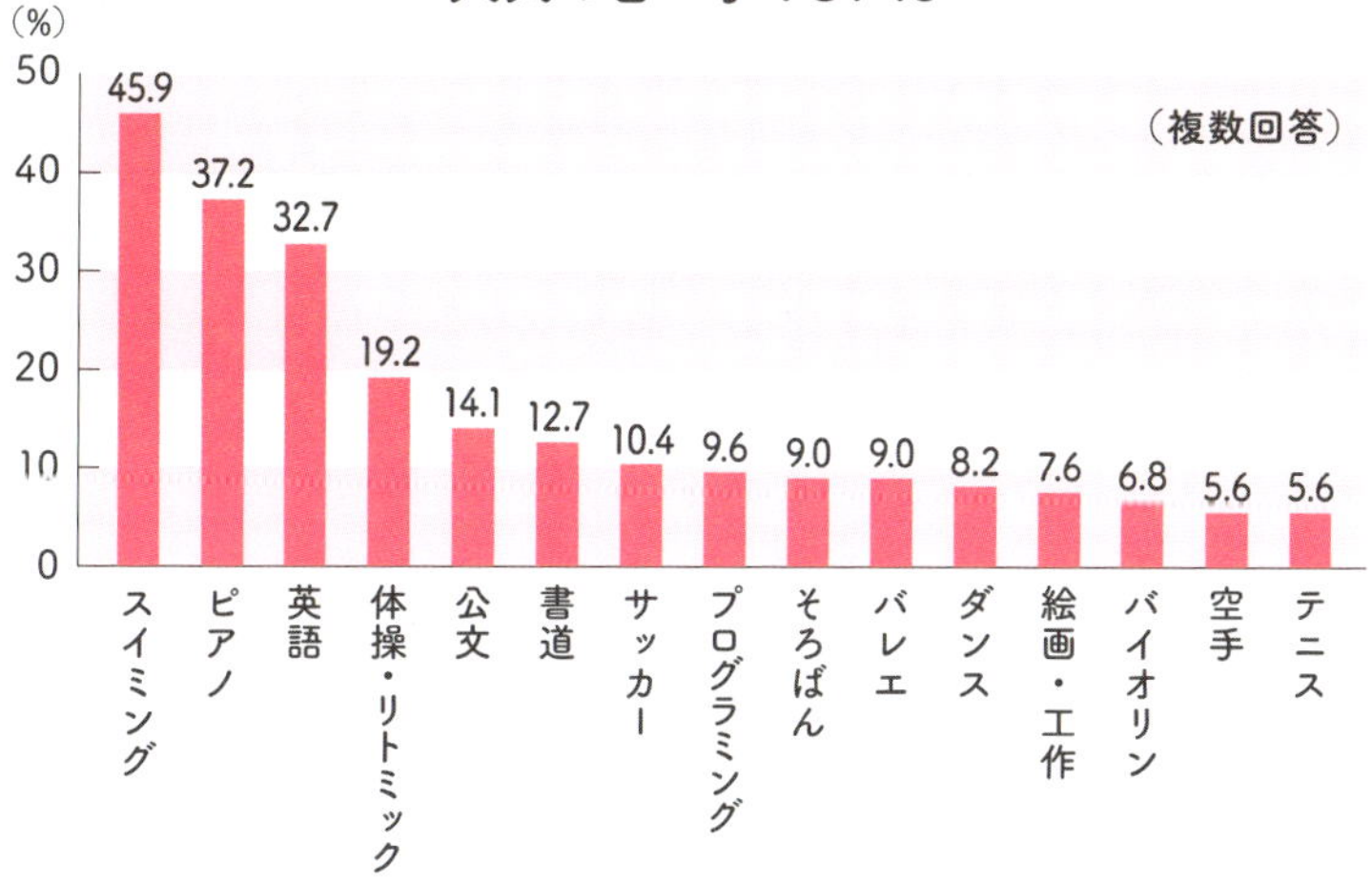

※日経クロスウーマン（DUAL）が2021年に実施したアンケートより

習い事の人気ランキングでは、1位はスイミング、2位はピアノ、3位が英語という結果でした。この3つは調査年にかかわらず上位を保っていますが、時代を反映させたプログラミングもあれば、昔ながらのそろばんも常に登場しています。

習い事はひと月1万円前後が多数派

小学6年生までの子ども1人にかけている、ひと月の習い事金額を見ると、1万円台が最も多い結果となりました。

1万円未満と1万円台を合わせると約44%ですから、ひと月1万円前後のお金をかけて、1～2つの習い事をする子どもが多いことがうかがえます。

一方で、4万円以上かけている人も3割近くに上ります。「子どもの未来のためにできる限りのことをしてあげたい」という気持ちもわかりますが、教育費は子どもが大学を卒業するまでかかります。習い事費のかけ過ぎには気を付けましょう。

人気の習い事費用

1位／スイミング… 1000～8000円／月

2位／ピアノ… 3000～7000円／月

3位／英語 … 5000～1万円／月

■プログラミング… 5000～8000円／月

■そろばん… 2000～4000円／月

■サッカー… 1500～5000円／月

※日経クロスウーマン（DUAL）読者調査2016年より。費用は典型的な金額の幅を出した

ひと月の習い事金額

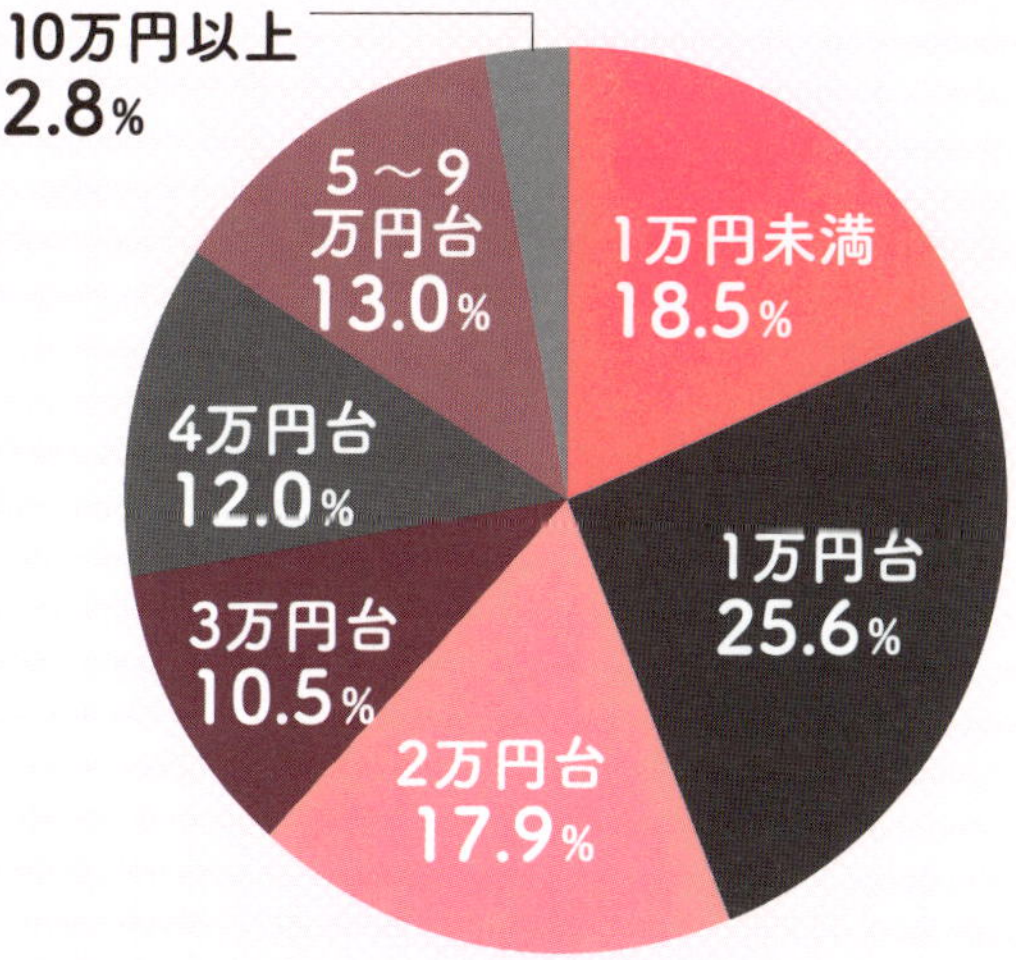

※日経クロスウーマン（DUAL）が2021年に実施したアンケートより。
※小6以下の子ども1人にかけている金額。
※端数処理により、合計額が100%にはならない

小学校の学校関係費用は、公立で月1万円弱。習い事や塾代を入れても月3万円あれば大丈夫!

最近の小学生は、習い事や塾などの学校外活動も多彩です。学校生活にかかる「学校関係費用」と、塾や習い事などの「学校外費用」の平均額が左の表です。

公立小学校の学校関係費用は年間約10万円、習い事や塾などの学校外費用は約25万円、合計で年間約35万円です。**ひと月の教育費に換算すると、約3万円あれば、給食費やクラブ活動、習い事から塾代までまかなえることがわかります。**

私たちが働いて納めている税金が、巡り巡って子どもの教育費に充てられているから、少ない負担で安心して義務教育を受けさせることができるのです。

しかし、私立小学校となると教育費は跳ね上がり、ひと月換算で約14万円かかります。授業料は一括払いや2~4分割払いのようにまとめて支払います。この金額を6年間払い続けられる家計であるかどうかを、夫婦で確認しておきましょう。

小学校時代のひと月の教育費

		公立小学校	私立小学校
ひと月の費用		2万9000円	13万9000円
1年間	学校関係費用	10万円	101万円（かかるお金）
	学校外費用	25万円	66万円（かけるお金）
	合計	35万円	167万円

- 学校関係費用／授業料、修学旅行費、給食費、クラブ活動費、制服代など
- 学校外費用／参考書・問題集代、家庭教師代や学習塾代、芸術やスポーツの習い事の月謝、交通費など

※文部科学省「令和３年度子供の学習費調査」のデータを基に計算。
※端数処理により、合計額が一致しない場合がある

公立小学校は3万円／月
私立小学校は14万円／月

中学受験は、塾代がどんどん膨らむ。1年間で100万円超えもあるから要注意

文部科学省の調べによると、公立小学校に通う子どもの塾代や習い事などの平均額は、月約2万円です。

しかし、中学受験を目指す都市部のハイレベルな進学塾では、平均額では到底間に合わず、高額な塾代を含めた教育費が必要になります。

小4～小6のフルコースで通塾するなら300万円かかることも

目標校を決めて頑張っている子どもの姿を見ていると、親としてできる限りのことをしてあげたいと思うのは、自然な気持ちだと思います。

そこで、人気の私立中学校を目指した場合に必要となる、中学受験対策で有名な塾の一例

をご紹介します。

●4年生＝年間約66万円（月謝、春期講習、夏期講習、冬期講習）
●5年生＝年間約82万円（右の項目に同じ）
●6年生＝年間約150万円（右の項目にGS・夏季集中志望校錬成・SS・正月の各特訓追加）

3年間フルコースで受講すると、なんと塾代だけで総額298万円もかかります。

塾に通わせている親御さんからは、「塾からお子さんの合格のためにといわれると、『特別講習を受けさせない』というのは許されない気がする」という声や、「子ども本人から苦手科目克服のために教科を増やしたいと言われると、増やさざるを得なくなる」「塾で勉強が楽しくなった子どもから突然、『私立中学校に通いたい』と言われて塾代が怖くなった」などという声もあります。

子どもの挑戦を応援したい気持ちがあっても、塾代を「聖域」にせず、他のきょうだいのことも考えて、月々の塾代と臨時の講習費のバランスを考えるようにしましょう。

中学受験を考えたときの塾費用の例
（SAPIX首都圏校舎の場合）

4年生
年間約**66**万円
（月謝、春期講習、夏期講習、冬期講習）

＋

5年生
年間約**82**万円
（月謝、春期講習、夏期講習、冬期講習）

＋

6年生
年間約**150**万円
（月謝、春期講習、GS特訓、夏期講習、夏期集中志望校錬成特訓、SS特訓、冬期講習、正月特訓）

↓

総額約298万円

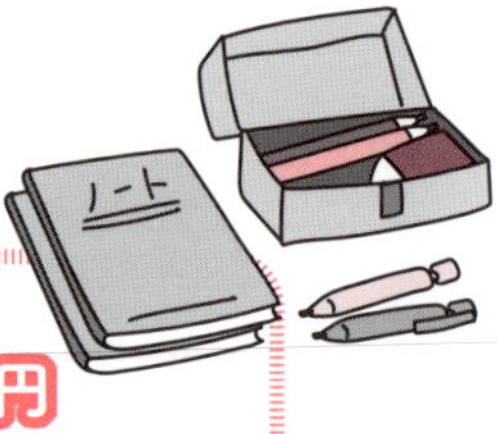

※上記の金額に申し込み制の模擬試験代は含まれない。2024年3月時点

【SAPIX　6年生の特別講習がある月の授業料】

講習	内容・料金	引き落とし
春期講習	全6日間・80分授業×3コマ／1日 ＝4万6200円	4月分授業料6万6000円と合わせて、3月は 合計 11万2200円 引き落とされる
GS特訓※	全3日間・70分授業×6コマ＋小テスト／1日 ＝4万6200円	5月分授業料6万6000円と合わせて、4月は 合計 11万2200円 引き落とされる
夏期講習	全18日間・100分授業×3コマ＋小テスト30分×2コマ／1日 ＝22万6600円 （夏期講習中の通常授業はなし）	夏期講習中の通常授業はないので、7月は 合計 22万6600円 引き落とされる
夏期集中志望校錬成特訓	全5日間・80分授業×4コマ＋小テスト40分／1日 ＝7万2600円	9月分授業料6万6000円と合わせて、8月は 合計 13万8600円 引き落とされる
難関校SS特訓※（志望校別講座＋単科講座）〈9～1月〉	全18回（授業14回・テスト4回）［志望校別80分授業×4コマ＋単科講座100分授業×2コマ／1日］＋公開模試4回 ＝29万5900円	10月分授業料6万6000円と合わせて、9月は 合計 36万1900円 引き落とされる
冬期講習	全6日間・80分授業×4コマ／1日 ＝6万500円	12月分授業料6万6000円と合わせて、11月は 合計 12万6500円 引き落とされる
正月特訓	全4日間・80分授業×6コマ／1日 ＝6万500円	1月分授業料6万6000円と合わせて、12月は 合計12万6500円 引き落とされる

※すべて税込み。
※「GS」とは、「ゴールデンウィークサピックス」の略。「SS」とは、「サンデーサピックス」の略。
志望校別クラスの集中特訓。2024年3月時点

中学校の教育費は、公立で月5万円。私立は月12万円かかるが、小学校時代より安い

次は中学校時代の教育費です。親よりも友達と過ごす時間が増え、部活に塾にと何かと忙しい中学生は、お金がかかります。また、参考書などの教材費や塾の回数が増えたり、ピアノの個人レッスンが始まったりと、学校外費用も膨らみがちです。

公立中学校の学校関係費用と、塾や習い事などの学校外費用を合わせると、月に5万円近いお金が必要となります。小学校時代と比べると1・5倍に増えますが、「ひと月5万円あれば、塾代も含めて子どもに十分な教育環境を用意できる」と前向きに考えて、やりくりしていきましょう。

私立中学校は、私立小学校よりも安く済みますが、それでもひと月換算で12万円かかります。「私立中学校に入学させてしまえば、塾代が浮く」という話もありますが、統計データを見る限り、高校受験をする公立中学校と同額の学校外費用がかかるようです。

中学校時代のひと月の教育費

		公立 中学校	私立 中学校
ひと月の費用		4万5000円	12万円
1年間	学校関係費用	17万円	107万円（かかるお金）
	学校外費用	37万円	37万円（かけるお金）
	合計	54万円	144万円

- 学校関係費用／授業料、修学旅行費、給食費、教科書費、クラブ活動費、制服代など
- 学校外費用／参考書・問題集代、家庭教師代や学習塾代、芸術やスポーツの習い事の月謝、交通費など

※文部科学省「令和3年度子供の学習費調査」のデータを基に計算。
※端数処理により、合計額が一致しない場合がある

公立中学校は5万円／月
私立中学校は12万円／月

高校の教育費は、公立で月4万円。私立では月9万円かかるが、無償化制度がある

高校進学には受験があるため、望む学校に進めるとは限らないのが悩ましいところです。また、地域によって公立優位や私立優位などの特性もありますから、公立と私立の2パターンの「ざっくり費用感」をつかんでおきましょう。

高校には授業料の無償化制度があり、教育費の負担は中学校よりも下がります。**公立高校に進学した場合は、学校外費用も含めてひと月約4万円**で賄えそうです。**私立高校に通う場合の平均額はひと月約9万円**かかります。ただし、**授業料無償化対象世帯なら最大年間約40万円の給付があるため、ひと月約5万円**に負担は下がります。

義務教育時代は3〜5倍と大きかった公立と私立の差が、高校になると小さくなります。子どもが望む進路に対応できるよう、親子で一緒に考えていきましょう。

高校時代のひと月の教育費

		公立 高校	私立 高校
ひと月の費用		4万3000円	8万8000円
1年間	学校関係費用	31万円	75万円 ◀かかるお金
1年間	学校外費用	20万円	30万円 ◀かけるお金
1年間	合計	51万円	105万円

- 学校関係費用／授業料、修学旅行費、教科書費、クラブ活動費、制服代など
- 学校外費用／参考書・問題集代、家庭教師代や学習塾代、芸術やスポーツの習い事の月謝、交通費など

※文部科学省「令和3年度子供の学習費調査」のデータを基に計算。
※端数処理により、合計額が一致しない場合がある

公立高校は4万円／月

私立高校は9万円／月
（無償化対象世帯なら5万円／月）

「高校授業料無償化」でお金の不安なく、私立が選択肢に

先ほど高校の教育費を見ていただきましたが、**公立高校にも私立高校にも、「高等学校等就学支援金」という国の授業料の実質無償化制度があります。**

私立高校においては、最大年39万6000円の負担がなくなるため、対象となる家庭では、公立高校並みの負担で私立学校に通うことができます。お金の不安なく、私立高校を進路の選択肢に入れられるということです。

ただし、無償化には親の所得要件があります。

所得要件は一般的に年収で表されますが、実際は住民税の決定通知書に記載されている「課税標準額×6％−市区町村民税の調整控除額（おおむね1500円）」の夫婦合算額で判定されます。

そのため、目安年収を超えていても無償化対象になることがあります。詳しくは94ページをご覧ください。

高校無償化制度の判定基準

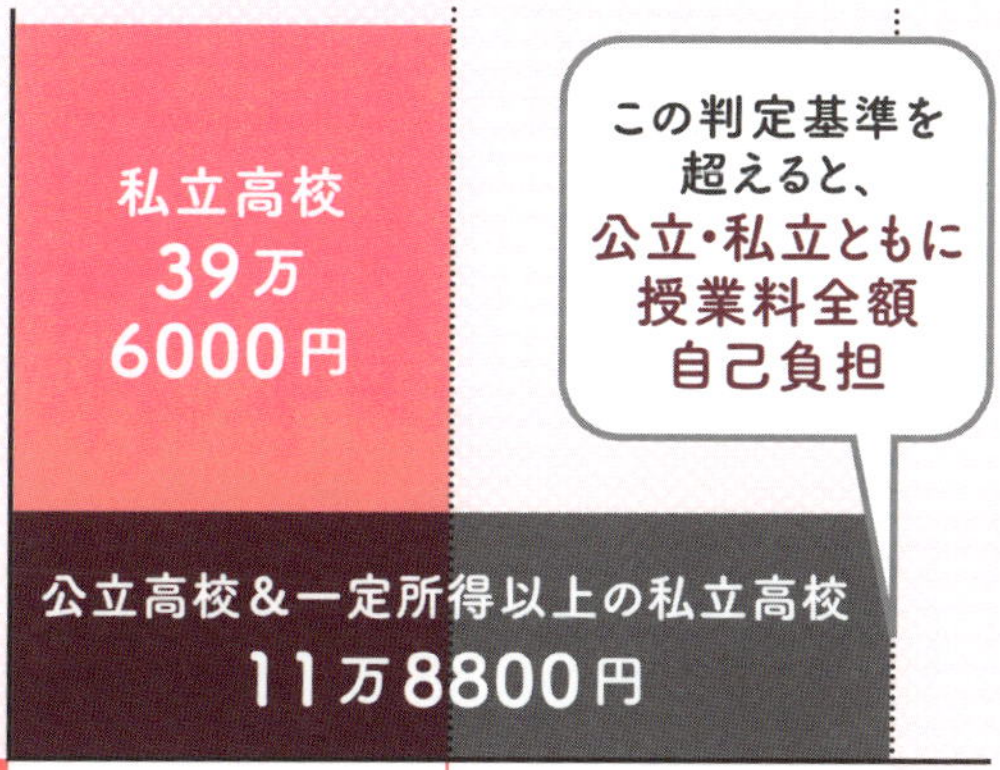

世帯年収目安額	～約590万円	～約910万円
判定基準「市区町村民税の課税標準額×6%－市区町村民税の調整控除額」の両親合算額	15万4500円未満	30万4200円未満

※判定基準額は、政令指定都市の場合は「調整控除の額」に3/4を乗じて計算する。
※両親のどちらか1人が働き、高校生と中学生以下の子どもがいる、4人家族の場合

所得制限に対する目安年収

	子どもの人数	年11万8800円の給付金	年39万6000円の給付金
両親のうち、一方が働いている場合	「高校生1人」または「高校生1人と中学生以下1人」	～年収約910万円	～年収約590万円
	高校生2人	～年収約950万円	～年収約640万円
共働きの場合	「高校生1人」または「高校生1人と中学生以下1人」	～年収約1030万円	～年収約660万円
	高校生2人	～年収約1070万円	～年収約720万円

※出典：文部科学省

住民全員が高校無償の自治体もある！

全国一律の国の「高等学校等就学支援金」に加えて、最近は**独自の上乗せ給付を行う都道府県が増加**しています。

例えば東京都や大阪府では所得制限を無くし、原則授業料無償で私立&公立高校に通えるように変わってきました。ただし、無償化の対象となるのは授業料。入学金や制服代、部活動や修学旅行費などは別途必要です。

左ページには、都道府県独自の高校無償化制度の例を載せました。支援策の名称や内容、所得制限の有無と支援の金額は自治体によって大きく異なりますし、独自の支援がない自治体もあります。

掲載した制度も年度とともに変化する可能性が高いため、進路を考える際は、自治体や私立学校のサイトで最新情報を確認しましょう。

都道府県独自の高校無償化の例

	名称	所得制限の有無	授業料支援の最大額（年）
北海道	私立高等学校等授業料軽減制度	あり	2万4000円
青森県	就学支援費補助金	あり	11万8800円
東京都	私立高等学校等授業料軽減助成金	なし	48万4000円
愛知県	愛知県私立高等学校等授業料軽減補助金	あり	31万6800円
大阪府	私立高等学校等授業料支援補助制度	なし	全額
岡山県	私立高等学校納付金減免補助金	あり	6万円
高知県	私立学校授業料減免補助金	あり	9万7200円
大分県	私立高等学校授業料減免支援制度	あり	12万円

※ 2024年4月1日時点の公開情報より

「大学費用」と「受験費用・すべり止め大学の納付金」は、国立大学は280万円、私立なら480万〜620万円

高校3年生の秋から受験が本格化しますが、願書や受験のための交通費・宿泊費、入学しなかった大学への納付金などで40万円前後のお金がかかります。

国立大学に合格すると入学金28万円、授業料年額54万円、4年間で243万円必要です。大学の授業料は前期・後期と2回に分けて納付しますが、小学校から高校までと比べるために、**あえて月額換算**してみました。**2年目以降の授業料を毎月負担額に直すと、ひと月約5万円**です。国立大学の授業料は文系・理系・医歯系共通ですから、親は大助かりですね。

一方、私立大学の学費は、学部によって変わります。**文系は月約9万円、理系で月約11万円、医歯系にいたっては月約43万円が6年間**続きます。

また進学先によっては、仕送りが必要になることもあります。全国平均では月額7万120円ですが、東京近郊に住む子どもへの仕送り額の平均は月額8万9300円と高くなります。

大学にかかるお金

	国立大学 4年間	公立大学 4年間
初年度	82万円	91万円
次年度以降	54万円	54万円
在学期間合計	243万円	252万円
	+	+
受験費用+入学しなかった学校への納付金など	39万円	

かかるお金

かけるお金

	私立文系大学 4年間	私立理系大学 4年間	私立医歯系大学 6年間
初年度	128万円	161万円	629万円
次年度以降	105万円	137万円	521万円
在学期間合計	443万円	573万円	3232万円
	+	+	
受験費用+入学しなかった学校への納付金など	41万円	42万円	

かかるお金

かけるお金

※大学費用は文部科学省「私立大学入学者に係る初年度学生納付金平均額（定員1人当たり）の調査（2023年）」「国公私立大学の授業料等の推移（2023年）」のデータを基に計算。受験費用と入学しなかった学校への納付金などは日本政策金融公庫「教育費負担の実態調査結果（2021年）」より。端数処理により合計額が一致しない場合がある

大学生へのひと月の仕送り
東京近郊の大学生へは約9万円
全国平均は7万円

※出典：全国大学生活協同組合連合会、東京地区私立大学教職員組合連合（2023年）

大学も無償化が始まっている！

経済的な理由が原因で進学を断念することがないように「高等教育の修学支援新制度」、いわゆる大学無償化制度が始まっています。

住民税非課税世帯やそれに準ずる世帯、そして、**子どもが3人以上いる世帯や子どもが理工農系の大学に進む場合は、世帯年収約600万円未満なら「入学金・授業料の免除・減額」や返済しなくてよい「給付型奨学金」を申請**することができます。

授業料の支援金額は、全額支援の場合で国立大学年54万円、私立大学年70万円です。所得要件によって全額支援、3分の2、3分の1、4分の1支援に分かれます。要件を満たせば、授業料などの減免と給付型奨学金の両方を利用することもできるので、大学費用の心配を減らせますね。

また、子ども3人以上を扶養する世帯の無償化は、所得制限をなくすなど、教育費負担を軽くする動きが広がっています。進学タイミングに合わせて最新制度を確認しましょう。

大学無償化における支援額
高等教育の修学支援新制度

	国公立大学	私立大学
入学金	上限28万円	上限26万円
授業料	上限54万円	上限70万円
給付型奨学金	〈自宅外〉80万円/年 〈自　宅〉35万円/年	〈自宅外〉91万円/年 〈自　宅〉46万円/年

※出典:文部科学省。住民税非課税世帯に準ずる世帯の学生は、世帯収入に応じ上記全額の2/3、1/3または1/4を支援。
※上記金額については単位未満を四捨五入

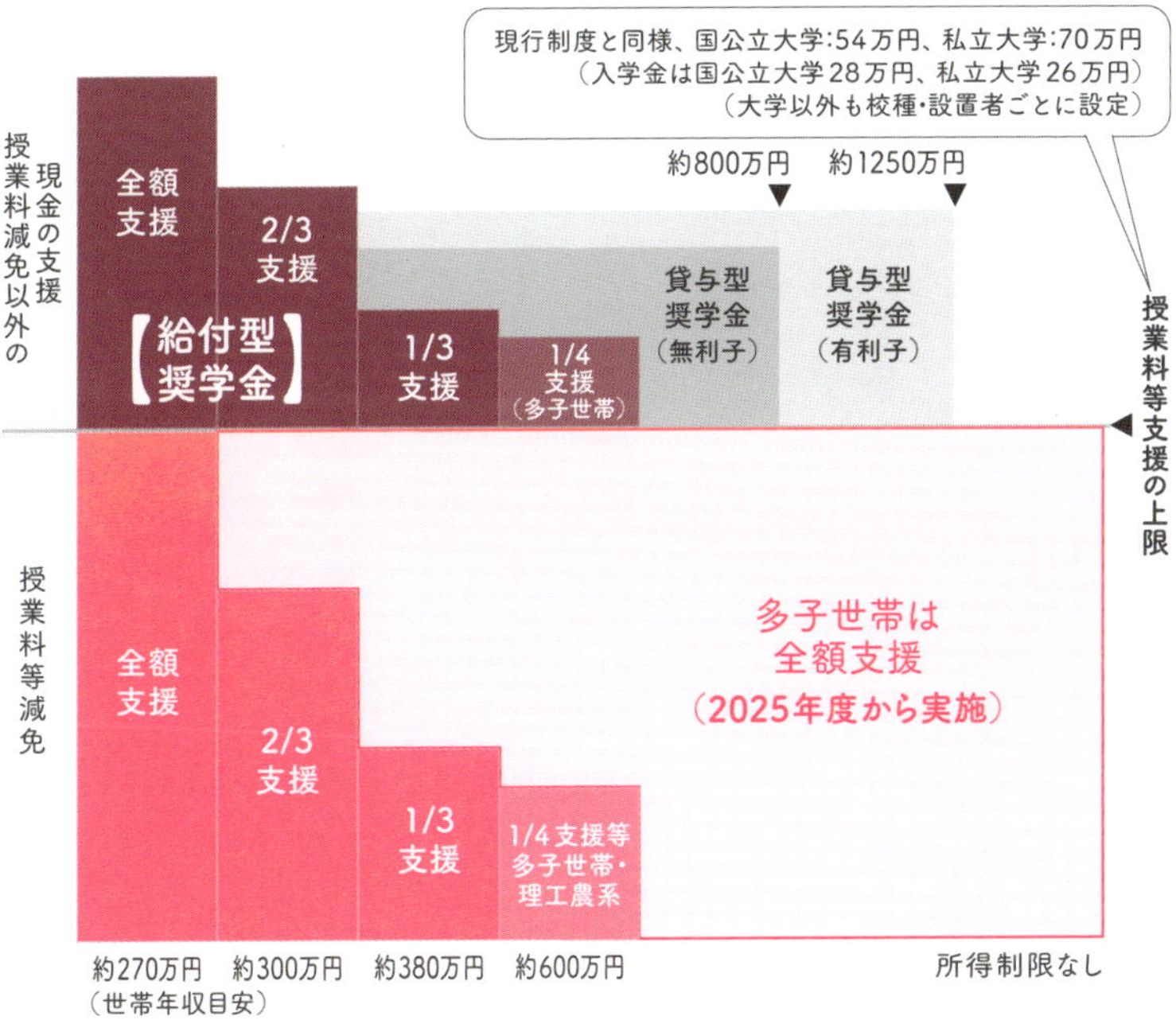

※「多子世帯の大学等の授業料等の無償化」に関する文部科学省の図版を基に著者作成。
※所得の要件を満たしているかどうかや、受けられる支援額などについては独立行政法人日本学生支援機構のホームページで確認できる

留学費用の目安は500万円

子どもが留学を希望したときのために準備をしておきたいという親御さんが増えています。

左の表は、大学時代に留学した場合の授業料＋滞在費＋食費の目安です。

例えば、アメリカの大学に留学すると、1年間で500万円以上かかります。

一方、語学留学なら期間も自分で選べます。同じアメリカでも3カ月なら150万円前後、6カ月なら300万円弱のようですから、**目的に合わせて検討**したいところです。

また、**留学費用は為替によって左右**されます。アメリカの私立大学の平均授業料は年約4万ドル、州立大学は約2万3000ドルです。

1ドル110円のときなら州立大学の授業料は253万円ですが、1ドル150円では345万円にもなります。為替によって学費だけで約100万円の差になるので、計画的な準備と覚悟が必要ですね。

国別大学留学費用の目安

アメリカ	566万円
カナダ	555万円
イギリス	537万円
オーストラリア	535万円
ニュージーランド	523万円

※出典:留学ジャーナル(2024年)。約9カ月の「授業料+滞在費+食費」の目安

韓国	260万円
中国	160～290万円
台湾	170～270万円

※出典:毎日留学ナビ(2024年)。韓国は延世大学校・韓国語教育院の場合の1年間の「学費+航空券代+生活費」の目安。中国・台湾は1年間の「学費+航空券代+生活費」の目安

主な留学先

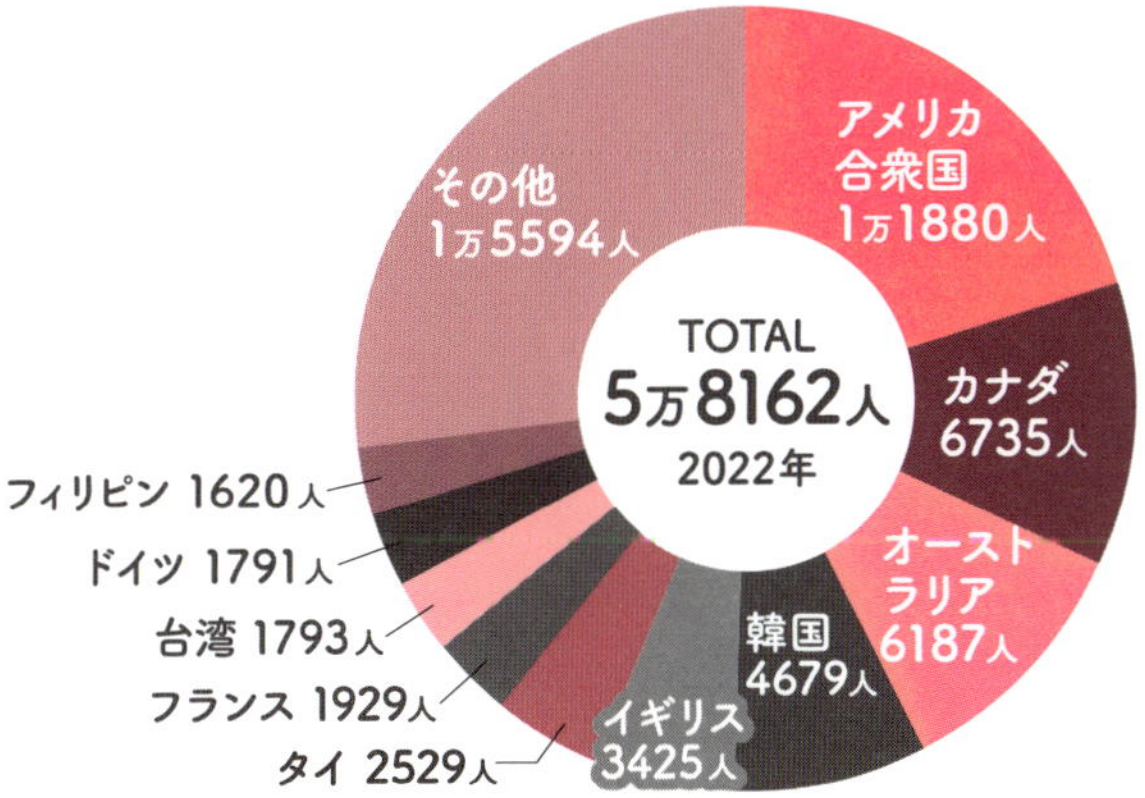

※出典:文部科学省「トビタテ!留学JAPAN <2024年5月24日報道発表資料『外国人留学生在籍状況調査』及び『日本人の海外留学者数』等について>」
※編集部注:コロナ禍に伴う入国制限の影響で2022年は欧米諸国が上位となったが、21年のデータでは1位のアメリカ合衆国に続き2位に中国、3位に台湾がランクイン

私立の大学院は年100万円。専門学校は私立大学理系と同額かかる

高校から大学・短大に進学する割合は6割、専門学校を選択する人は2割です。また、大学から大学院への進学率は、理学系が約4割、人文学系は1割以下で、進学率はここ10年ほぼ横ばいです。

大学院や専門学校は学びたい内容によって在学期間も費用も異なります。いくらぐらいのお金がかかるのか、「ざっくり」知っておきましょう。

子どもの話からはずれますが、最近はリスキリングという業務に必要なスキルの習得や、リカレント教育と呼ばれる社会人の学び直しも増えています。働きながら大学や大学院で学ぶ人もいますし、雇用保険の「**教育訓練給付制度**」を使って学ぶこともできます。

親も学ぶことができる時代の良さを活かしたいですね。

●専門学校にかかるお金

	看護師	理容師・美容師	ゲーム・CG
初年度	116万円	141万円	141万円
次年度以降	97万円	128万円	120万円
在学期間合計	3年：310万円 4年：408万円	2年：269万円	2年：261万円 3年：380万円

※出典：東京都専修学校各種学校協会「令和4年度学生・生徒納付金調査」

●大学院にかかるお金

	国立大学院	私立大学院	
		博士課程前期2年	博士課程後期3年
初年度	82万円	113万円	89万円
次年度以降	54万円	93万円	70万円
在学期間合計	2年：135万円 3年：189万円	207万円	230万円

※国立大学院は「平成十六年文部科学省令第十六号　国立大学等の授業料その他の費用に関する省令」より。
私立大学院は文部科学省「私立大学等の令和5年度入学者に係る学生納付金等調査結果について」より

●法科大学院にかかるお金〈既修者コースの場合〉

	国立	私立	
		大学院A	大学院B
初年度	109万円	175万円	85万円
次年度以降	80万円	165万円	74万円
在学期間合計3年	269万円	505万円	232万円

※国立大学院は「平成十六年文部科学省令第十六号　国立大学等の授業料その他の費用に関する省令」より。
私立大学院Aは司法試験合格率の高い実在の大学院。大学院Bは学費の安い実在の大学院（2023～2024年度）

※端数処理により合計額が一致しない場合がある

幼稚園から大学までの学費を見通そう！

左ページには、今までお伝えしてきた幼稚園から大学までにかかる費用をまとめました。幼稚園から大学までオール公立（大学は国立）の場合、塾や習い事などを含めた教育費の総額は約８２０万円、大学だけ私立文系の場合は約１０２０万円です。一方、オール私立では、文系で約２２８０万円、理系で約２４１０万円かかります。私立文系に進んだとしても、オール公立とオール私立との差は、約１４６０万円になります。

また、その次のページではさらに詳しく、学年ごとにかかるひと月単位での「学校関係費用」と「学校外費用」を公立・私立別にグラフ化しました。

私立学校で最も学費がかかるのは、小学校1年生のときです。一方、**公立学校で最もお金がかかるのは、中学3年生の高校受験前**です。高校卒業までの学費は毎月の家計からやりくりするため、公立・私立の傾向を知りつつ、「ざっくり」教育費の心づもりをしておきましょう。

公立と私立、学費はどれくらい違う？

子どもの教育費：幼稚園〜高校編

	幼稚園 公立	幼稚園 私立	小学校 公立	小学校 私立	中学校 公立	中学校 私立	高校 公立	高校 私立
学校関係費用	0.6万円	1.4万円	0.9万円	8.4万円	1.4万円	8.9万円	2.6万円	6.3万円
学校外費用	0.8万円	1.2万円	2.1万円	5.5万円	3.1万円	3.1万円	1.7万円	2.5万円
1カ月の合計	1.4万円	2.6万円	2.9万円	13.9万円	4.5万円	12.0万円	4.3万円	8.8万円

子どもの教育費：大学編

1カ月換算した場合	国立大 4年間	公立大 4年間	私立大文系 4年間	私立大理系 4年間	私立大医歯系 6年間
初年度	6.8万円	7.6万円	10.6万円	13.4万円	52.4万円
次年度以降	4.5万円	4.5万円	8.8万円	11.4万円	43.4万円

教育費の総額

公立コース
幼稚園から大学まで
オール公立の場合（国立大学）
約 **820** 万円

私立コース
幼稚園から大学まで
オール私立の場合（大学文系）
約 **2280** 万円

	幼稚園3年間 公立	幼稚園3年間 私立	小学校6年間 公立	小学校6年間 私立	中学校3年間 公立	中学校3年間 私立	高校3年間 公立	高校3年間 私立
在学期間合計	50万円	93万円	212万円	1000万円	162万円	431万円	154万円	316万円

	国立大 4年間	公立大 4年間	私立大文系 4年間	私立大理系 4年間	私立大医歯系 6年間
在学期間合計	243万円	254万円	443万円	573万円	3232万円

※文部科学省「子供の学習費調査（2021年）」
文部科学省「私立大学入学者に係る初年度学生納付金平均額（定員1人当たり）の調査（2023年）」
「国公私立大学の授業料等の推移（2021年）」などのデータを基に計算。
※端数処理により、合計額が一致しない場合がある

私立

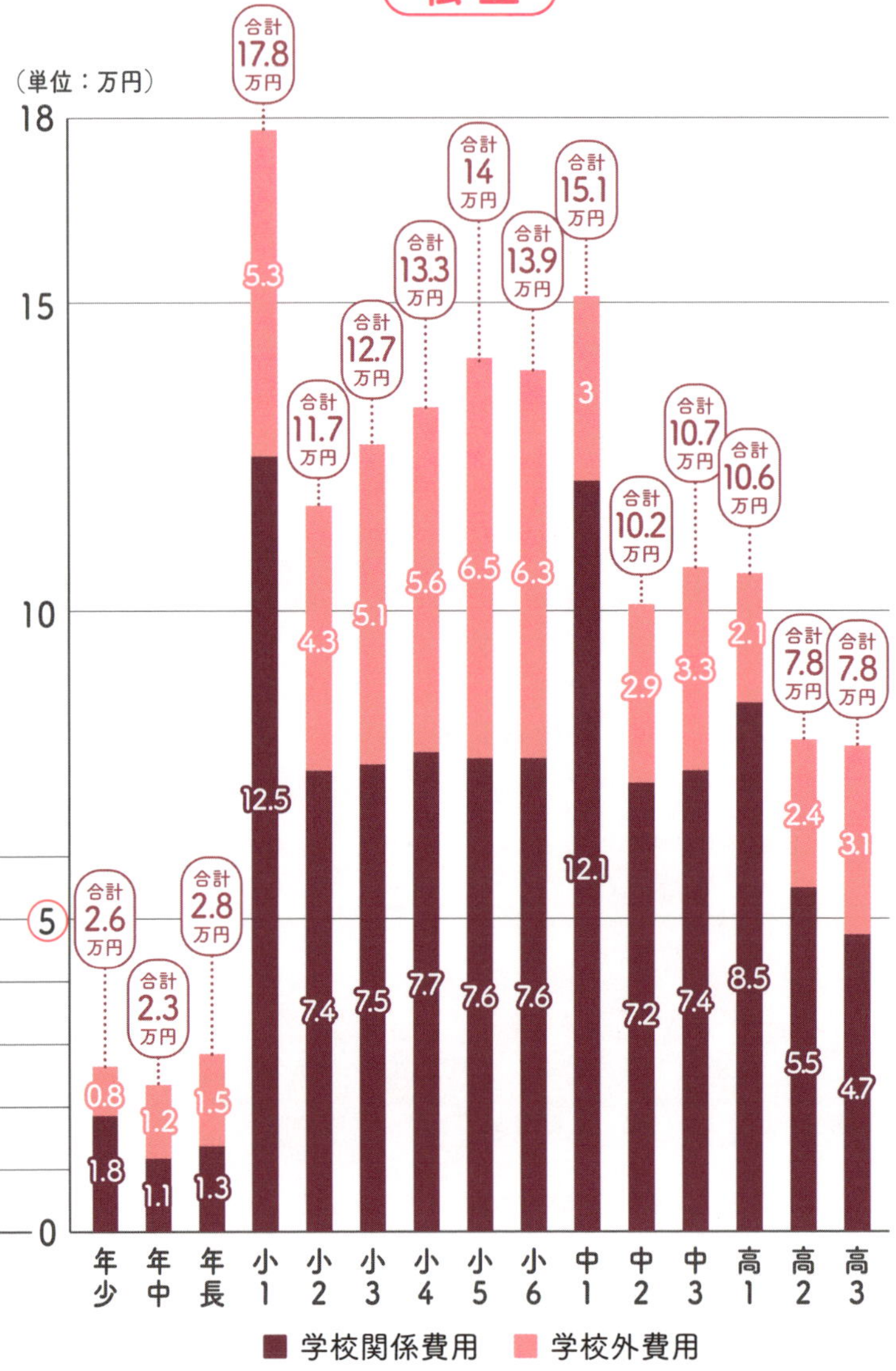

※文部科学省「子どもの学習費調査（2021）」のデータを基に作成
※端数処理により、合計額が一致しない場合がある

「学年」&「公立・私立」でこんなに変わるひと月の教育費

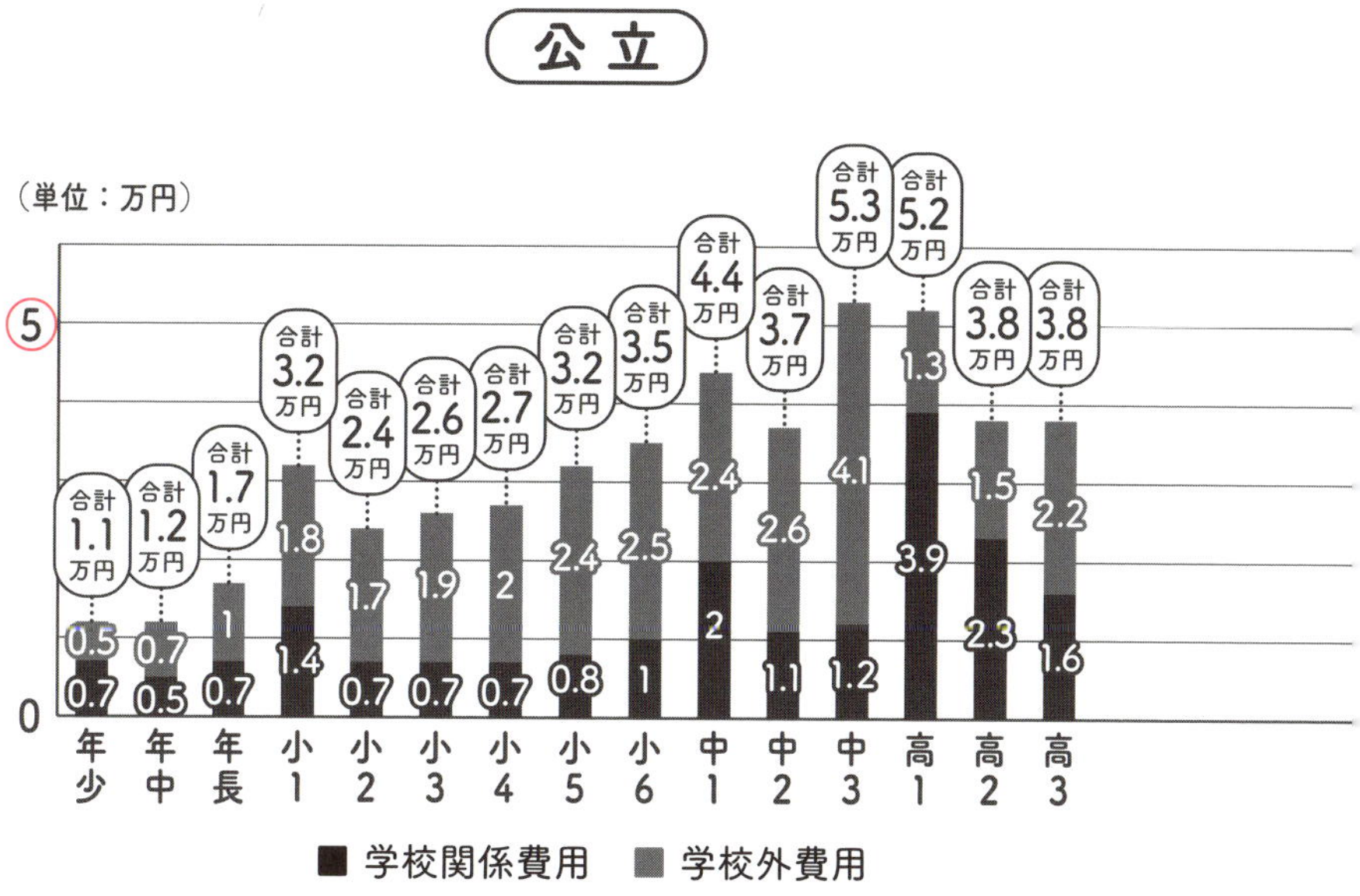

Column

地域によって異なる教育費事情

きょうだいがいる家庭の教育プラン

きょうだいがいる家庭では、「きょうだいに同じことをしてあげたい」という親御さんがほとんどです。小学校や中学校から私立に通う場合は、高校や大学も私立の傾向があるため、将来も払い続けられる家計かどうかを、受験前に考えておく必要があります。公立と私立による教育費の違いと、私立学校の教育方針を理解した上で、「どの進路のお金を準備するか」について家族でしっかり話し合っておきましょう。

都会と地方の「私立」のお受験事情

東京をはじめとする大都市圏では、私立優位の傾向が強く、私立受験を第1希望として考える保護者も少なくありません。特に、親自身が私立学校に通っていた場合は、自分の子どもも早くから私立に通わせたいと思うようです。

ただし、地域によって大きく変わるのが私立学校の設置数です。

中学校総数に占める私立中学校の割合の全国平均は7・9%ですが、東京都は23・4%と全国平均の3倍です。高校総数における私立高校の割合は、全国平均31・1%に対して東京都は61・1%と半分を超えています。

また、大都市の人口が多い地域では塾代なども高い傾向がありますが、東京発信の情報がすべてではありません。お住まいの地域の状況も踏まえて、「いくらまで教育費をかけられるか」ではなく、「いくらまで教育費をかけるか」を考えて、教育資金計画を立てましょう。

都道府県別の私立学校の割合

	私立中学校数	中学校数に対する私立中学校の割合	私立高校数	高校数に対する私立高校の割合
全体	781	7.9%	1295	31.1%
北海道	16	2.8%	50	21.8%
青森県	6	3.9%	17	31.5%
岩手県	3	2.0%	13	18.6%
宮城県	8	4.0%	19	22.9%
秋田県	1	1.0%	5	10.9%
山形県	―	―	14	25.9%
福島県	8	3.8%	18	19.8%
茨城県	12	5.4%	24	22.6%
栃木県	7	4.5%	15	22.1%
群馬県	7	4.4%	13	20.6%
埼玉県	31	7.0%	48	28.7%
千葉県	25	6.4%	54	32.7%
東京都	187	23.4%	218	61.1%
神奈川県	63	13.4%	79	39.3%
新潟県	4	1.7%	16	17.6%
富山県	1	1.3%	10	23.3%
石川県	5	5.6%	10	20.0%
福井県	4	5.0%	6	25.0%
山梨県	8	8.7%	11	33.3%
長野県	9	4.7%	17	21.0%
岐阜県	9	5.0%	16	22.5%
静岡県	28	9.7%	43	37.1%
愛知県	20	4.6%	54	28.4%
三重県	9	5.4%	13	22.0%
滋賀県	6	5.8%	9	18.4%
京都府	26	13.8%	40	42.6%
大阪府	60	11.7%	96	41.6%
兵庫県	43	11.5%	52	28.6%
奈良県	11	10.3%	14	31.8%
和歌山県	7	5.6%	9	23.7%
鳥取県	3	5.4%	8	28.6%
島根県	3	3.2%	10	22.7%
岡山県	10	6.1%	23	30.7%

	私立中学校数	中学校数に対する私立中学校の割合	私立高校数	高校数に対する私立高校の割合
広島県	29	11.1%	34	30.4%
山口県	8	5.0%	20	32.3%
徳島県	2	2.2%	3	10.0%
香川県	5	6.7%	10	32.3%
愛媛県	3	2.3%	11	20.0%
高知県	8	6.6%	8	27.6%
福岡県	27	7.6%	59	41.8%
佐賀県	6	6.6%	9	23.7%
長崎県	16	8.7%	22	31.0%
熊本県	8	4.7%	21	32.3%
大分県	4	3.1%	14	28.0%
宮崎県	9	6.8%	14	31.1%
鹿児島県	10	4.5%	21	24.1%
沖縄県	6	4.0%	5	8.8%

※文部科学省「令和5年度学校基本調査」のデータを基に著者作成

人口が多い都市に住む子どもの学校外活動費は、少ない地域の2倍

	ひと月の学校外活動費平均	10万人未満 (例)登別市、魚沼市、平戸市 など	10万人以上30万人未満 (例)青森市、草津市、磐田市 など	30万人以上100万人未満 (例)静岡市、奈良市、岡山市 など	100万人以上・特別区 (例)東京23区、横浜市、大阪市 など
公立幼稚園	0.8万円	0.6万円	0.7万円	0.7万円	1.3万円
公立小学校	2.1万円	1.5万円	1.9万円	2.0万円	3.1万円
公立中学校	3.1万円	2.3万円	3.2万円	3.5万円	3.7万円

※文部科学省「2023年度子供の学習費調査」のデータを基に著者作成

Chapter 2

実は簡単♪
教育費の準備方法

貯蓄・NISA
教育費節約の
裏ワザ

私立大学「文系」の資金を準備したい場合はどうするの？

国公立大学の費用は、児童手当の自動積立で準備する方法を22ページでお伝えしました。でも、私立大学に進学する場合は、約２４０万円では足りません。私立大学文系４年間では約４４０万円必要ですから、足りない約２００万円を、やはり三角形の積み立てで準備します。

子どもが誕生してから18歳になるまでの間、毎月1万円を積み立てると、約２２０万円貯まります。児童手当の積立金と合わせると、ざっくり４６０万円が貯まるから、私立大学文系の学費が賄えますすね。

毎月1万円のコツコツ積み立てが、最もストレスなく計画的に貯まります。ぜひ、実践してください。

なお、受験には受験料や交通費、入学しなかった学校への納付金もかかります。この準備方法は90ページを参考にしてください。

私立大学文系の学費は「児童手当＋月1万円」で目標達成

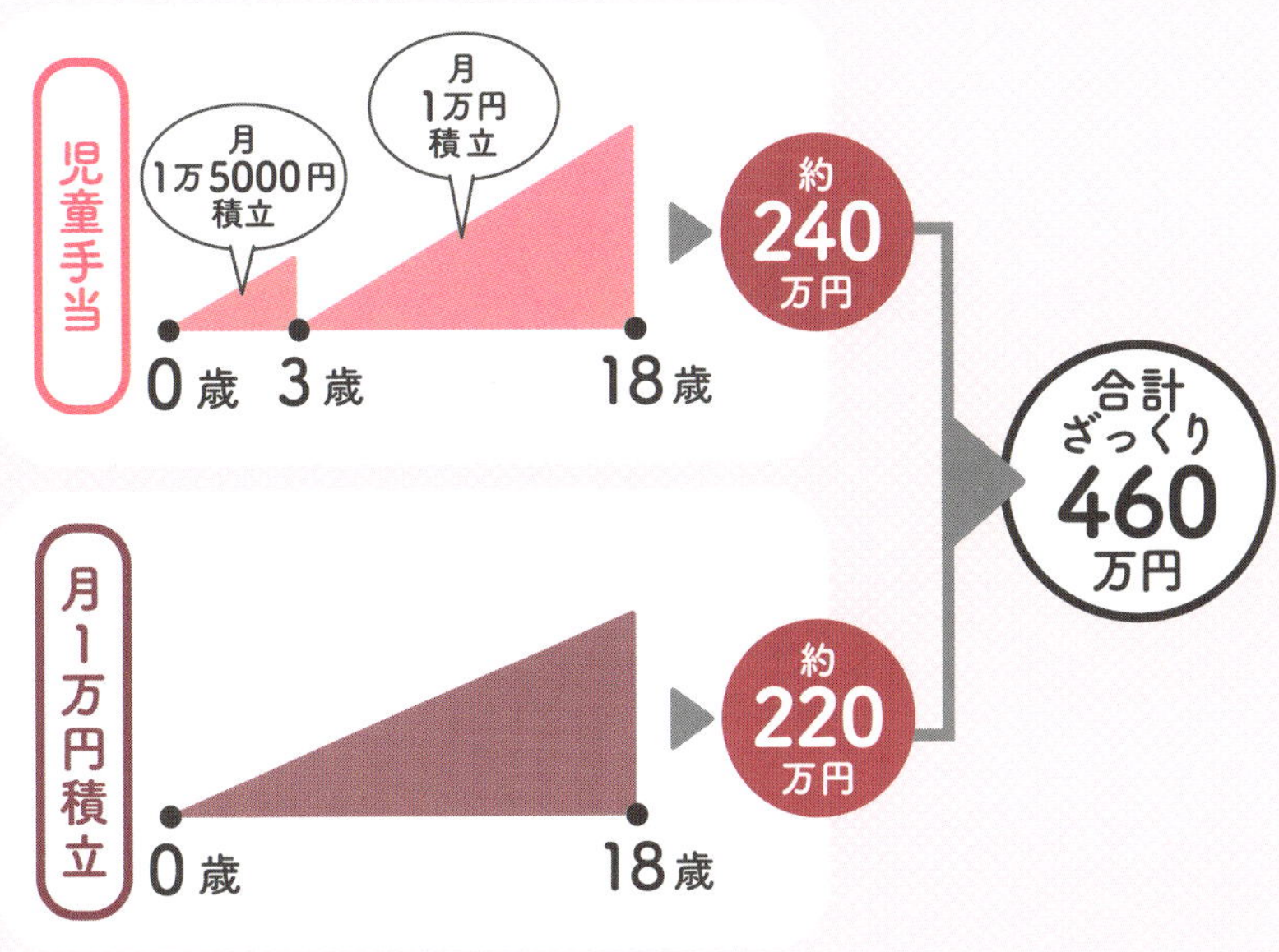

※18歳とはここでは「18歳の年度末」を指す。
※実際に貯まる児童手当の金額は子どもの誕生月によって異なる（例:4月生まれだと246万円、3月生まれだと235万円）

	私立 文系大学 4年間
在学期間合計（入学金＋授業料など）	443万円

※文部科学省「私立大学入学者に係る初年度学生納付金平均額（定員1人当たり）の調査（2023年）」のデータを基に計算

文系よりお金がかかる、私立大学「理系」の場合はどうするの？

私立大学の理系に進むと、4年間で約570万円が必要です。**文系と同じく「児童手当」の三角形積立と「月1万円」の三角形積立**を行うと、約460万円貯まりますが、110万円ほど足りません。そこで、**次のどちらかを選んで準備**しましょう。

❶ 保育園の年少〜年長期に「浮いた保育料」月3万円を貯める

保育無償化の対象年齢になると、共働き世帯では毎月4万円前後かかっていた保育料が1万円ほどに下がります。浮いた保育料の月3万円を3年間貯めると、約110万円貯まります。これなら「児童手当」＋「月1万円」＋「浮いた保育料」積立の3本柱で約570万円貯まります。

❷ 月1万円積立を「月1万5000円」積立にする

毎月1万5000円を18年間積み立てると、約330万円貯まります。これなら「児童手当」＋「月1万5000円」の2本柱で約570万円貯まります。

教育費の準備方法には投資を組み合わせる方法もあります（90ページ）。

私立理系の学費は「児童手当＋月1万円＋α」で目標達成

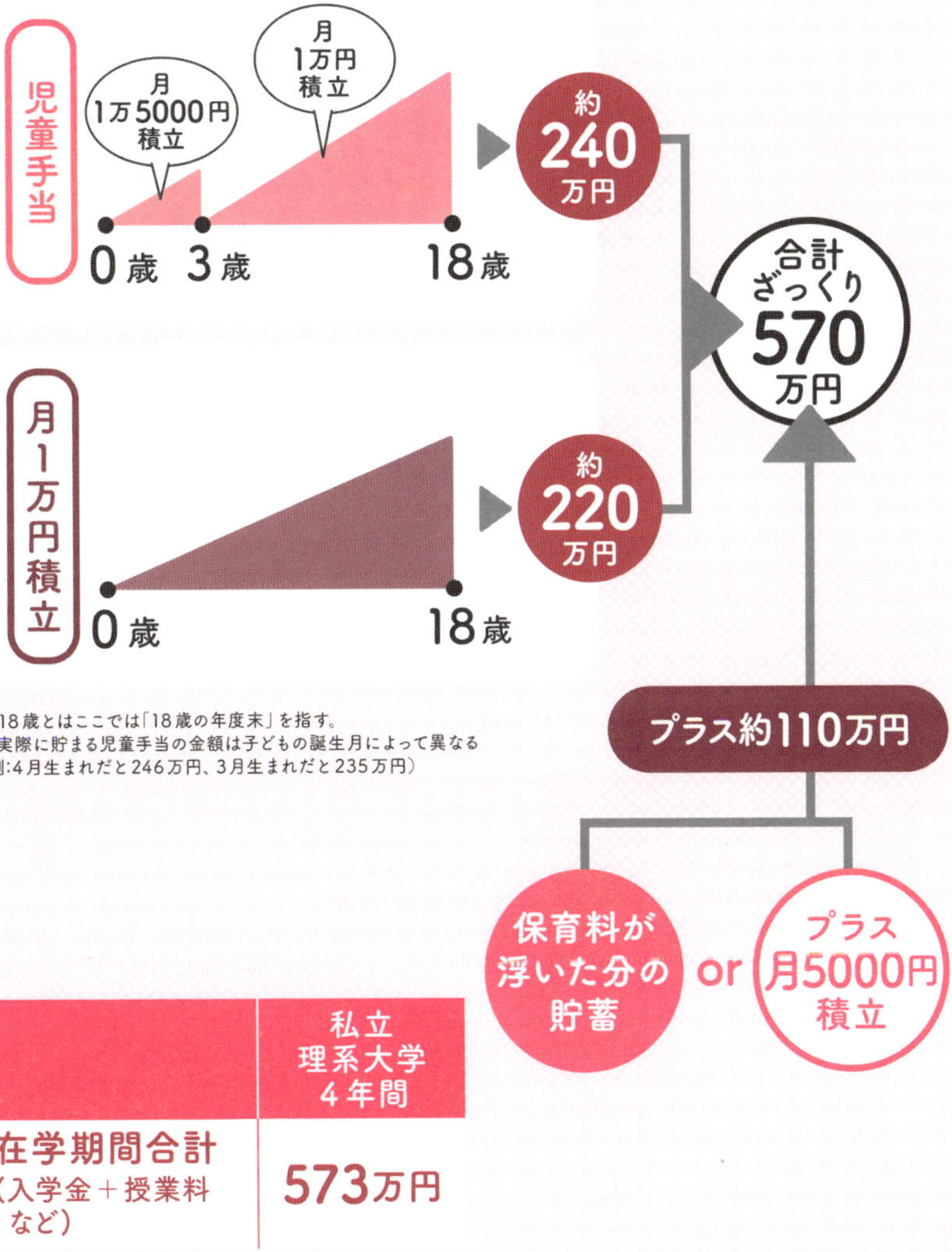

※18歳とはここでは「18歳の年度末」を指す。
※実際に貯まる児童手当の金額は子どもの誕生月によって異なる（例：4月生まれだと246万円、3月生まれだと235万円）

	私立理系大学4年間
在学期間合計（入学金＋授業料など）	573万円

※文部科学省「私立大学入学者に係る初年度学生納付金平均額（定員1人当たり）の調査（2023年）」のデータを基に計算

大学資金を貯めるための毎月積立額を計算してみよう

22ページでは国公立大学、72～75ページでは私立大学に向けた0歳からの「三角形」貯蓄法をお伝えしました。でも、この本を手に取った読者のお子さんが、全員0歳のスタートラインにいるとは限りません。そこで、あなたの**お子さんの年齢とすでに準備してある大学のための貯蓄を含めた「毎月の積立金額」を計算**してみましょう。

まずは、「仮」に国公立大学か私立大学かを決めて、準備したい進路の目標金額を設定します。大学入学時にすべての学費が必要ではありませんが、単純化するために、18歳までに大学資金を貯めるとして計算しましょう。

ただし、子どもの年齢が上がっていて積立期間が短いときや、きょうだいが多くて大変なときは、21歳をゴールにして積立額を計算してみてください。

最初からすべて完璧な準備をしなくても大丈夫です。大学プランも「仮」ですから、まずは「ざっくり」準備のしくみをつくることから始めましょう！

大学資金を貯める！
わが家の毎月積立額計算法

〈目標金額：国公立大学**243**万円、
私立大学文系**443**万円、
私立大学理系**573**万円〉

毎月積立金額から児童手当を差し引いた金額を家計から貯めるだけ！

●例：長女さんの毎月積立額は 2.4 万円

（仮の大学プラン：443 万円 － 今ある大学用の貯蓄（児童手当・子どものお祝い金など） 20 万円 － 学資保険などで受け取る予定の満期保険金額 0 万円）÷18歳までの年数 15 年÷12カ月＝これからの毎月積立金額 2.4 万円

児童手当1万円＋家計から1.4万円を積み立てる！

●第一子：____さんの毎月積立額は____万円

（仮の大学プラン：____万円 － 今ある大学用の貯蓄（児童手当・子どものお祝い金など）____万円 － 学資保険などで受け取る予定の満期保険金額____万円）÷18歳までの年数____年÷12カ月＝これからの毎月積立金額____万円

●第二子：____さんの毎月積立額は____万円

（仮の大学プラン：____万円 － 今ある大学用の貯蓄（児童手当・子どものお祝い金など）____万円 － 学資保険などで受け取る予定の満期保険金額____万円）÷18歳までの年数____年÷12カ月＝これからの毎月積立金額____万円

教育費の準備法は「貯蓄」「保険」「投資」の3つ

子どもが生まれたとき、自分の親御さんから「学資保険に入ったら?」と言われたママ・パパもいるでしょう。今よりも金利が高かった親御さんの世代では、大学資金を貯めるイコール学資保険、というのが王道でした。でも今は学資保険がベストとは限りません。

例えば、投資でどんなに利益が出ても税金がかからない制度として注目を集めるNISA。今は、NISAを使った投資信託の運用でも、教育資金の準備ができる時代です。

ただし、投資は増える可能性がある一方、使いたいときに値下がりする可能性もゼロではありません。そこで、**NISA(投資)と貯蓄の二本立てで準備**をしてみませんか?

二本立てなら、もしもの値下がり時は貯蓄から大学費用を払うことができますし、順調に投資資産が値上がりしていれば、増える楽しみを手に入れることができます。

教育資金の準備は、1つの商品や制度だけでなく、2つ以上のプランを組み合わせることがかしこい教育資金準備の新ルールです。

夫婦の考えかたに合わせた 3プランの教育資金の準備法

貯蓄プラン

☑ とにかく減るのは嫌！
ほぼ増えないけど、元本保証

- 金融機関の自動積立定期預貯金
- 財形貯蓄
- 社内預金

保険プラン

☑ もしものときの安心も欲しい！
中途解約は元本割れだけど保障アリ

- 学資保険
- 低解約返戻金型終身保険

投資プラン

☑ 増えるチャンスを活かしたい！
値動きはあるけど、お金も育てたい

- NISAでの投資信託の積み立て

貯蓄プラン▼減るのは絶対イヤ！　元本保証が一番！

貯蓄プランには、「自動積立定期預貯金」「財形貯蓄」「社内預金」があります。また、定期預金よりも金利が高い「個人向け国債」も貯蓄プランに入ります。

途中で解約しても元本割れしない商品を希望する人や、教育資金の準備に取り掛かるのが遅くて、投資でじっくりと育つのを待つ時間がない人に向いています。

自動積立定期預貯金は、給料振込をしている金融機関に申し込むと、自動で毎月積み立てることができ、ボーナス時の増額も可能です。また、財形貯蓄や社内預金が利用できるのは、こうした制度がある会社に勤める人に限定されますが、給料天引きで積み立てができる点と、引き出しにくさが魅力です。

保険プラン▼もしもの安心も欲しい！　中途解約は致しません！

保険プランには「学資保険」と「低解約返戻金型終身保険」の2つがあります。

保険で準備するときは元本割れに注意！

30歳男性が加入した場合の例

	A社	B社	C社
保険の種類	学資保険	学資保険	低解約返戻金型終身保険
月払保険料	8980円×18年	9400円×18年	1万1152円×15年
支払総額	193万9680円	203万400円	200万7360円
18歳時の受取金額	200万円	200万円	205万1500円
増減金額	+6万320円	▲3万400円	+4万4140円
返戻率	103.1%	98.5%	102.2%

「**学資保険**」は、子どもが高校3年生の時期に満期保険金を受け取れるように、保険会社にお金を積み立てる商品です。商品によっては小学校、中学校、高校入学のタイミングでお祝い金が出るものや、大学4年間で分割して受け取るものもあります。

例えば、子どもが18歳になったときの満期保険金が200万円の学資保険を契約した場合、保険料を保険会社に積み立てて、将来子どもが18歳になったときに、満期保険金の200万円を受け取ります。

もしも満期までの間に契約者のパパが死亡したら、その後の保険料は支払わなくても子どもが18歳になったときに、予定通り200万円の満期保険金が受け取れます（万が一、子どもが死亡したときには、保険料の積立相当額の死亡保険金がパパに支払われます）。

ただし、最近の学資保険の中には、支払う保険料総額よりも受け取る保険金の総額のほうが少ない、元本割れ商品があります。また、子どもの医療保障や親の死亡保障が手厚くなる育英年金などが付いていると、元本割れの可能性が一気に高まります。

ご相談者を見ていると、加入したご本人が元本割れに気づいていないこともあるので要注意です。

加入前には必ず、「支払い総保険料」よりも「受け取り総保険金額」のほうが多い商品であることを確認しましょう。支払い総保険料は、毎月の保険料×12カ月×支払い年数で計算できますよ。

「でも、学資保険はパパが亡くなった後の保険料を払わなくても、満期時に満期保険金がもらえるんでしょ？　それなら、少々受け取り額が少なくてもおトクじゃないの？」と思われるかもしれません。その通りですが、パパの死亡保障が必要なら、単純にパパの死亡保険を充実させたらよいだけです。貯蓄のつもりで、元本割れの保険を選ぶことがないようにしてくださいね。

もう1つの「**低解約返戻金型終身保険**」は、パパやママが終身保険に加入して、10年や15年などの短期間で保険料の払い込みを終える点が特徴です。

保険料の支払いが終わった後は解約返戻金が増えるため、早めに払い終えてお金を寝かせて増やし、教育費が必要になったときに保険を解約して、受け取った解約返戻金を子どもの大学費用に使います。

学資保険も低解約返戻金型終身保険も保険料の払込途中で解約すると、支払った金額よりも少ない解約返戻金しか戻ってきません。無理なく払える金額で契約しましょう。

投資プラン▼増えるチャンスを生かしたい！ 投資信託でお金も育てたい！

貯蓄プランも保険プランも、今のような低金利時代には大きく増えません。そこで最近は、投資信託で教育資金を準備する人が増えています。

投資信託とは、文字通り「投資を信じて託する」商品です。投資のプロが運用しますが、株式や債券などで運用するため、プラスの利益を出すこともあれば、元本割れすることもあり、値動きがある点が特徴です。

こうした**不安を小さくするためのポイントが「コツコツ&長期積立」**です。

左ページの表は、AさんとBさんが同じ商品に投資をしたときの比較です。

Aさんはまとまった金額を一括で投資したので、買ったその後に値下がりすると、値上がりを祈って待つしかありません。でも、Bさんのように毎月コツコツ積み立てをしていると、**「値下がり時期は、安いセール価格ということだから、いつもと同じ積立額でもたくさん買えるおトクな時期」と気持ちを切り替える**ことができます。

2人が同じ時期から同じ額を同じ商品に投資したらどうなった？

【積立投資のメリット】

投資信託の値段		Aさん		Bさん	
		投資金額	購入数	投資金額	購入数
1月	1万円	10万円	10個	1万円	1個
2月	8000円	ー	ー	1万円	1.3個
3月	9000円	ー	ー	1万円	1.1個
4月	8000円	ー	ー	1万円	1.3個
5月	7000円	ー	ー	1万円	1.4個
6月	8000円	ー	ー	1万円	1.3個
7月	7000円	ー	ー	1万円	1.4個
8月	5000円	ー	ー	1万円	2個
9月	7000円	ー	ー	1万円	1.4個
10月	8000円	ー	ー	1万円	1.3個
10月の残高		8万円	10個	10万8000円	13.5個

値下がり時期はセール価格で投資信託をたくさん買える「おトクな時期」ととらえれば、値動きの不安が軽くなる

※わかりやすくするために「口数」を「個数」で表現

10カ月後を比べてみましょう。

一括投資をしたAさんは10個買いましたが、今の資産は8万円とマイナスになりました。一方で、コツコツ積み立てをしたBさんは、安いときにたくさん買えたから、13・5個持っています。今の資産は10万8000円と、投資前より増えました。

未来は誰にもわかりませんが、長い時間をかけてコツコツ積み立てることで、買ったときの平均単価を下げ、元本割れの可能性を減らせます。子どもが生まれたときから始めると、大学入学までに18年間という長期投資ができます。

「投資イコール損するかも?」と思わず、貯蓄プランや保険プランと組み合わせてみてください。

投資の始めかた

投資を始めるときは、証券会社や銀行で「源泉徴収ありの特定口座」と「NISA口座」の2つを申し込みましょう。

投資は「特定口座」と「NISA口座」で

源泉徴収ありの特定口座

＋

NISA口座

	つみたて投資枠	成長投資枠
投資方法	つみたて	一括・つみたて
主な投資対象	●投資信託（長期・積立・分散・低コストなどの条件を満たした約290本）	●株式 ●投資信託（つみたて投資枠対象商品を含む約2000本）
1年間の最大投資額	120万円	240万円
	合計360万円	
保有限度額（投資元本）	1800万円（うち、成長投資枠は1200万円）※投資枠の再利用可能	
非課税期間	一生	
払い出し（引き出し）	いつでも可能（一部・全部）	

※2024年7月時点

「特定口座」は、投資をするときに必ず開く口座です。買った商品が値上がりしたときに売ると、その差額の利益に対して約20％の税金を納めなければなりません。それを金融機関が天引きして納めてくれる口座が**「源泉徴収ありの特定口座」**です。

「NISA口座」は、投資でどんなに利益が出ても税金が一切かからない、非課税口座です。

NISAが利用できる人は18歳以上のため、**親であるあなたの「NISA口座」を使った投資信託の積み立てで、教育資金の準備**を始めましょう。

子育て世帯のNISAの使いかた

NISAには、「つみたて投資枠」と「成長投資枠」があります。教育資金の準備なら、「つみたて投資枠」で購入できる投資信託を、毎月コツコツ&長期で積み立てるのがおスズメです。

「つみたて投資枠」で買える商品は、国が定めた「長期・積立・分散・低コスト」の条件をクリアした投資信託に限定されています。**手数料が高い商品は除外されているから、教育資金づくりにも向いている**のです。

なお、「つみたて投資枠」の投資信託にも値動きがあります。過去の実績を見ると「日本の株式と債券、海外の株式と債券」に4分の1ずつ20年間積み立てを続けた場合、元本割れはありませんでした。教育資金の一部を投資で準備する場合は、15～20年前後の積立期間を目安にすると、元本割れの不安が軽くなるでしょう。実際の運用結果は91ページを参考にしてください。

ジュニアNISAのお金は引き出しOKに！

2023年末までは「ジュニアNISA」という、子どもの名前で投資できる非課税制度がありました。すでにジュニアNISAで投資をしたお金は、子どもが18歳を迎えた年末まで非課税で運用することができます。

なお、2024年からは18歳になっていなくても、非課税で全額を一括引き出しできるようになりました。本来は大学資金づくりに適した方法と考えられていたジュニアNISAですが、予定外の私立中学校や私立高校への進学にも対応しやすくなったといえそうです。

投資信託のコツコツ積立でお金を育てる！

77ページの「大学資金を貯める！　わが家の毎月積立額の計算法」で積立額の計算をしましたが、そこには投資で増やすお金が入っていません。そこで、投資を味方につけましょう。

例えば**毎月1万円を18年間、平均年3％で運用できたとすると、約70万円増えます（積立元本は216万円）。70万円あれば、受験費用や入学しなかった学校への納付金などの平均約40万円が準備できる**から安心ですね。運用益を見込めるなら、積立額を減らすこともできますよ。

平均年3％の運用というと、預貯金と比べて高く感じるかもしれませんが、私たちの年金を運用しているＧＰＩＦの運用実績が、年4・36％（2024年7月時点）です。日本株式・日本債券・外国株式・外国債券を4分の1ずつに分けて運用していますから、参考にしてみてください。

ＱＲコードは金融庁のサイトに飛びます（2024年8月時点）。運用益や積立額のシミュレーションをしてみましょう。

長期投資の運用成果

保有期間5年

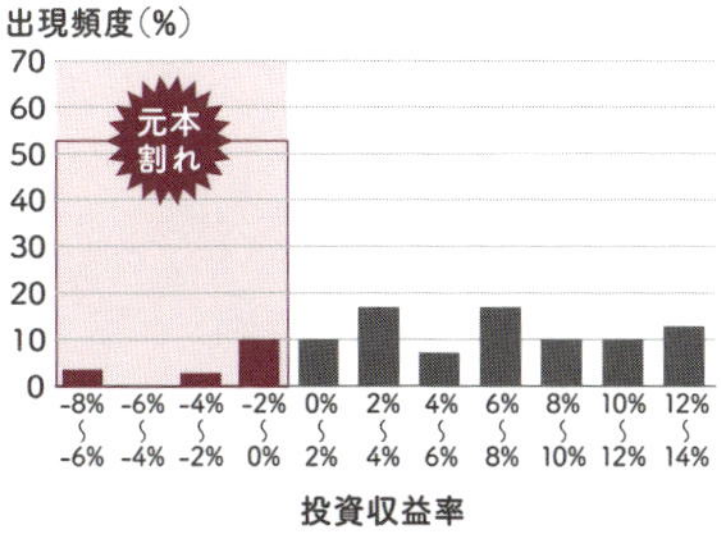

100万円が5年後に
74万円〜176万円

※積立投資期間は各年1月〜12月の1年間。
※投資収益率:資産運用で得られた1年当たりの利益率

※Bloomberg、野村フィデューシャリー・リサーチ&コンサルティング株式会社より金融庁作成

保有期間20年

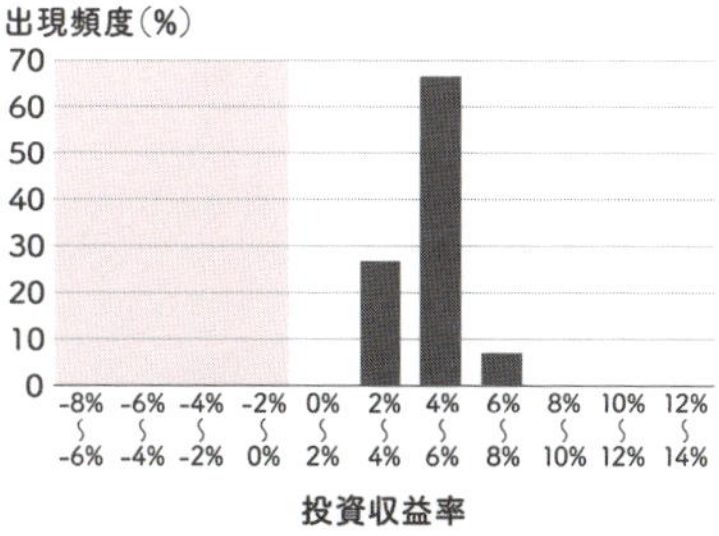

100万円が20年後に
186万〜331万円

※日本株式:TOPIX 配当込み株価指数
日本債券:BPI 総合インデックス
海外株式:MSCIコクサイインデックス(円換算ベース)
海外債券:FTSE世界国債インデックス(除く日本、円ベース)

長期・積立・分散投資のシミュレーション

2003年1月〜2022年12月の毎月末に主な株式指数に1万円を積立投資した場合

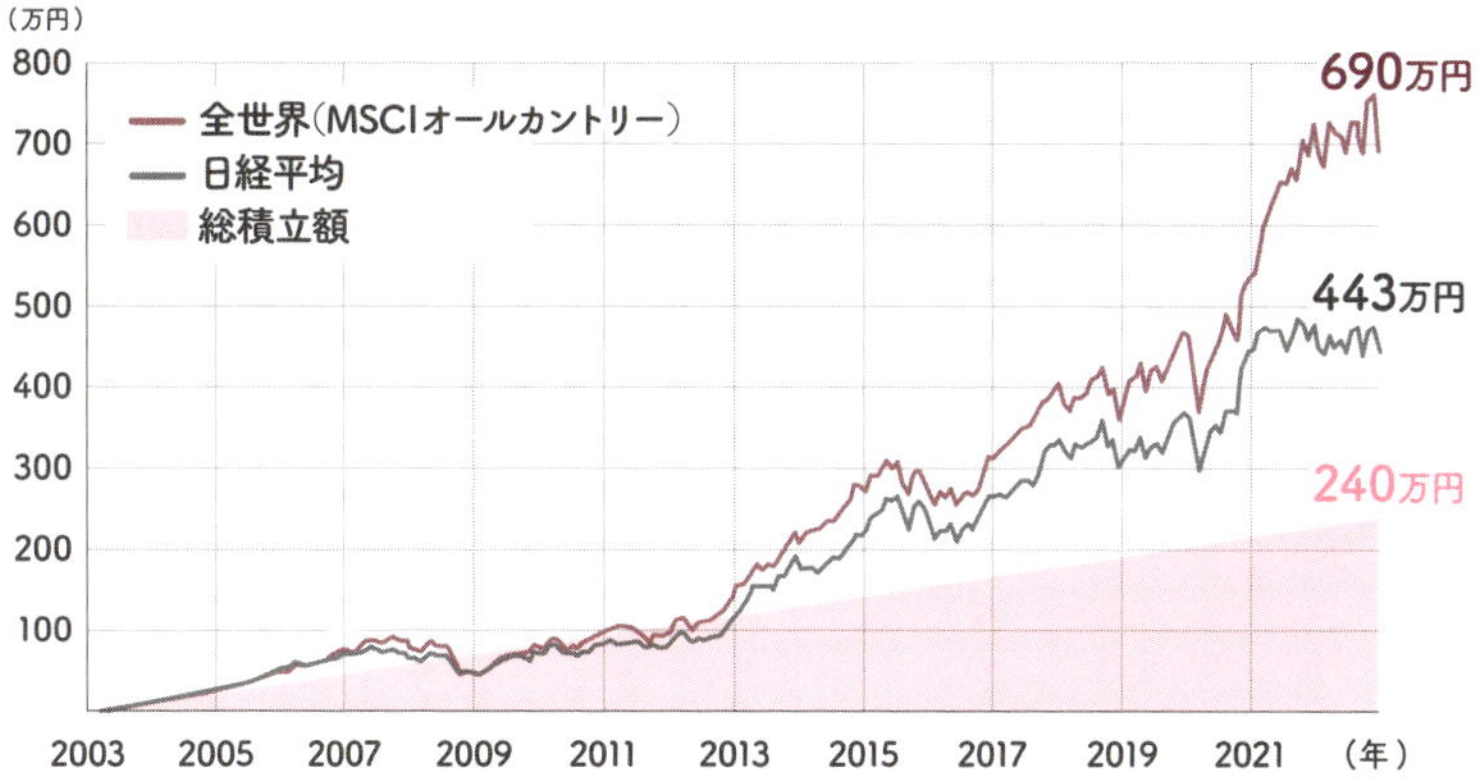

※Bloombergのデータを基に金融庁作成
※税金・手数料は考慮していない

※出典:金融庁「はじめてみよう! NISA早わかりガイドブック」。
※上記はあくまでシミュレーションであり、将来の投資結果を予想・保証するものではない

保育料を節約するiDeCoの裏ワザ

32ページで保育料は年収ではなく、夫婦の住民税（市区町村民税の所得割）の合計額で決まることをお伝えしました。**保育料が住民税をもとにして決まるのなら、住民税が減れば、保育料が下がる可能性が生まれる**ということです。

例えば、年収400万円と300万円の共働き夫婦の場合、市区町村民税の所得割の合計額は約17万円です（「市区町村民税の所得割」は、住民税の決定通知書やマイナポータルから確認できます）。

保育料は自治体によって異なりますが、大阪市在住の3歳未満児の場合、月額4万5100円です。でも、1年前から夫婦それぞれがiDeCoで毎月2万3000円を積み立てていたとすると、所得税は1人あたり1万3800円、住民税は2万7600円が減額されます。つまり、市区町村民税の所得割の夫婦合計額は約14万円に下がるから、その結果、保育料は月額3万9400円に下がります。1年間で保育料6万8400円の節約になりますよ。

保育料の節約にiDeCoが効く!?

（年収400万円と300万円の共働き夫婦の場合）

	保育料（大阪市の場合）	
iDeCoで月2万3000円の積立（年額27万6000円）	なし →	あり
判定基準（市町村民税の所得割の額の夫婦合計額）	16万9000円以上 21万1201円未満	13万3000円以上 16万9000円未満
月額保育料	4万5100円 →	3万9400円

1年間で約7万円の節約

iDeCoについては、206ページで詳しくお伝えしますが、60歳まで引き出すことができない代わりに、1年に1回掛金の変更ができます。

「iDeCoは老後資金のためのもの」と思い込まず、子育て世帯こそ賢く利用して、老後資金の準備と保育料の節約に役立ててくださいね。

なお、ふるさと納税や住宅ローン控除の減税分は、保育料の判定には含みません。ふるさと納税をいくら頑張っても保育料は安くなりませんよ（これは次ページの高校無償化の判定も同じです）。

高校授業料を節約するiDeCoの裏ワザ

一般的に、高校無償化（高等学校等就学支援金）の判定基準には、わかりやすいように給与年収で目安額が語られがちですが、実際は、住民税の「市区町村民税の課税標準額×6％－市区町村民税調整控除（おおむね1500円）」の夫婦合計金額で決まります。それなら**判定額が下がれば、高校無償化に滑り込めるチャンス**が出てきます。

文部科学省が出しているリーフレットの目安年収を見ると、例えば年収650万円の家庭では、就学支援金は年11万8800円しか受け取ることができないように思えます。でも実際は、住民税の判定額が15万4500円未満になれば、年39万6000円の支援金を受け取ることができます。その**可能性を秘めているのがiDeCo**なのです。

左の図の通り、年収650万円の人が、iDeCoで毎月2万3000円（年間27万6000円）の積み立てを行うと住民税の判定金額が下がります。その結果、就学支援金年39万6000円の支給対象になるのです。

高校無償化にもiDeCoが効く!?

家族構成■夫:年収650万円、妻:専業主婦、高校生、中学生

文部科学省のリーフレットに書かれている目安

世帯年収の目安約590万円までの人が年最大39万6000円の給付

正確な判定基準

「市区町村民税の課税標準×6%－市区町村民税調整控除額」の夫婦合算額が15万4500円未満の人が年最大39万6000円の給付

※政令指定都市の場合は、調整控除の額に3/4を乗じて計算

	年収650万円	
iDeCoで月2万3000円の積立(年額27万6000円)	なし	→ あり
判定基準	15万6000円	13万9440円
高等学校等就学支援金の給付額	年11万8800円	→ 年39万6000円

仮に子どもが通う私立高校の授業料が40万円なら、iDeCoをやっていなかったら授業料負担は約28万円ですが、iDeCoを行っていれば授業料負担は4000円になり、ほぼ無償です。

最近は、都道府県独自の支援を行う自治体が増えています。もしもボーダーラインにいるのなら、判定の1年前から(住民税は前年の所得で決まる)iDeCoを始めてみませんか?

お金が足りないとき&学ぶ意欲持たせるための「奨学金」と「特待生」

教育資金を準備してきても、足りないこともあるでしょう。また、貯蓄はあっても「あえて自分のお金で学ばせたい」といった教育方針から、奨学金を検討する家庭もあります。奨学金は学生本人がお金を借り、卒業後に返還する制度です。ひと昔前の奨学金の利用者割合は大学生の2割でしたが、今の奨学金利用者は5割にのぼっています。

奨学金には、返済不要の「給付型奨学金」、利息が付かないけれど返済が必要な「第一種奨学金」、利息が付いて返済が必要な「第二種奨学金」の3種類があります。

給付型や無利子の奨学金を大学入学直後から利用したい場合は、高校3年生の春が申し込み時期です（秋は有利子のみ）。また、無利子奨学金には親の所得要件に加えて、評定平均値3・5以上という成績要件もあります。この成績は、入学してから申し込みまでの平均ですから、高校入学時から子どもに意識させておきましょう。

奨学金・特待生の例

	奨学金の種類	金額	主な要件 ※
日本学生支援機構	授業料・入学金の減免制度	28万～70万円/年	あり（57ページ参照）
	給付型奨学金	2万9200～7万5800円/月	
	第一種奨学金	2万～6万4000円/月	給与年収803万円以下
	第二種奨学金	2万～16万円/月	給与年収1250万円以下
ある大学の例	独自の奨学金	45万～70万円/年	給与年収1000万円未満
	特待生	授業料の全額免除	得点率80％以上かつ上位者から10位以内

※給与年収は4人家族の場合の目安

最近は、大学独自の奨学金も充実してきていますし、就職先の会社が代わりに返還する「企業等の奨学金返還支援（代理返還）制度」も広がっています。

大学だけでなく、私立中学・高校の中には、勉強やスポーツなどに秀でた生徒・学生に対して授業料などを免除する「特待生」制度もありますから、学校のサイトで事前情報を早めに集めることもかしこい教育費の準備方法です。

ひとり親が知っておきたい制度と障がいのある子が受けられるサポート

ひとり親や障がいのある子どもへのサポートには、様々なものが用意されています。国の共通制度に加えて、自治体独自の上乗せサポートなどもありますが、共通点は、「**申請しないと使えない**」ということ。

ひとり親で市区町村で話を聞いたことがない人や、ひとり親になることを考えている人は、知らずに申請漏れしている制度がないか、一度足を運んで確認してみましょう。

また、子どもが知的障がいや発達障がい（ＡＳＤ・ＡＤＨＤなど）の診断を受けた場合はもちろん、悩んでいる段階でも利用できるサポートは、たくさんあります。

不安になったら、まずは保健所や発達相談センター（自治体により名称は異なります）などに相談してみませんか。相談するだけでサポートが受けやすくなりますよ。

ひとり親へのサポート

- 児童扶養手当
- 寡婦（夫）控除
- ひとり親医療費助成制度（自治体により異なる）
- ひとり親控除

障がいのある家族へのサポート

- 特別児童扶養手当
- 障害児福祉手当
- 児童発達支援（就学前まで）
- 放課後デイサービス（小学校〜高校）
- 障害者手帳
- 障害者控除

※所得制限があるものもあるので、詳細は自治体に要確認

Chapter
3

かけるところにはかける！
引き締めるところは
引き締める！

メリハリ家計のつくりかた

教育費は「ざっくり」把握で、「コツコツ」準備。家計は「がっちり」学んで、「かしこく」実践

第3章からは、教育費の準備のためにも必要な家計管理と、人生をとりまく制度についてお伝えしていきます。「**がっちり」学んで、「かしこく」実践**していきましょう！

家計管理というと、多くの人が「家計簿を付けなきゃ」と考えるようです。でも、**家計簿はお金の動きを知るための道具のひとつ。**唯一無二の必須アイテムではありません。

水道光熱費に通信費、住居費や保険料は毎月ほぼ定額ですし、クレジットカード払いの明細や口座引き落としの通帳で、履歴を簡単に調べることができます。

それなら、自分でコントロールするのは①食費&日用品費、②家族のレジャー費、③ママとパパのおこづかい、の3つだけでいいんです。

すべてを完璧に管理しようと思わずに、「家計には予定外のことが起こるもの」と考えて、「ざっくりわかれば大丈夫！」と、割り切りましょう。

子育て世帯のかしこい家計管理のルール

1. 家計管理は「ざっくり」で十分

2. 月の支出より、1年間のイベント支出を把握する

3. 自分でコントロールする支出は3つ
   - 食費&日用品費
   - 家族のレジャー費
   - ママとパパのおこづかい

4. 支出の内容と予算にルールを決める

5. 平均よりも、自分にとって大事なことを優先

家計管理のコツは手間をかけないこと。イベント支出とメリハリ支出をコントロールしよう

イベントの「見える化」が第一歩

黒字家計を目標に、「毎月の収入の範囲ですべてをやりくりしなきゃ！」と頑張る人が多いのですが、それが落とし穴。

人生には、家族旅行や七五三など、毎月発生しないイベントがたくさんあります。イベント支出がある月の家計収支は、赤字になっても仕方ないのです。

大事なことは**家族にとって必要な「イベント支出」をコントロール**すること。

お正月のおせち費用や親戚の子どもへのお年玉に帰省費用、七五三などの記念写真に食事会、新年会に歓送迎会、進級や進学準備の費用、ゴールデンウイークの余暇費用、固定資産税や自動車税、母の日や父の日に家族の誕生日のプレゼントや食事会代、個人事業主なら住民税の納付、夏休みや冬休みなどのシーズン旅行、お中元やお歳暮、ハロウィーンやクリスマスのイベントに、年払いの保険料やNHK受信料、資格の更新費用やクレジットカードにファンクラブの会費、バーゲンでのまとめ買い予定…など、予算の1年分を昨年の手帳を参考にしながら、月ごとに書き上げましょう。

一番下に書いた合計額が1年間に必要となるイベント支出ですよ。

1年間のイベント支出と金額

月	年間イベント	金額
5月	例 固定資産税	10 万円
1月		万円
		万円
		万円
2月		万円
		万円
		万円
3月		万円
		万円
		万円
4月		万円
		万円
		万円
5月		万円
		万円
		万円
6月		万円
		万円
		万円

月	年間イベント	金額
12月	例 冬休みの旅行	15 万円
7月		万円
		万円
		万円
8月		万円
		万円
		万円
9月		万円
		万円
		万円
10月		万円
		万円
		万円
11月		万円
		万円
		万円
12月		万円
		万円
		万円

1年間の合計	万円

イベント支出は、ボーナス&じぶんボーナスで準備する

「気がついたらボーナスがなくなってる」という言葉を聞きますが、イベント支出を見える化すると、**今まで不定期だと思っていたイベントが、意外と定期的なもの**だと気づきませんか？

会社員でボーナスがある人は、「イベント支出にはボーナスをあてる」と決めると、ボーナスの使いかたが上手になれます。ボーナスの金額からイベント支出を差し引いて、貯蓄計画を立てましょう。

一方で、ボーナスがない会社員や個人事業主は、毎月の収入の中からイベント支出用のお金を準備する必要があります。

1年間のイベント支出の合計額を12カ月で割った金額を、給与口座から毎月自動積み立てして「じぶんボーナス」をつくりましょう。

預貯金が十分にある人は、1年の最初にその年のイベント支出費用の全額を別口座に分けておき、支出の都度、そこから引き出して使う方法もあります。

家計管理で大事なことは「やってみる」こと。コツコツ手間をかけることを負担に思わない人もいれば、面倒に感じる人もいます。まとめてやることがラクと感じる人もいれば、定期的に続けないと忘れそう…という人もいます。実際に「やってみる」ことで、自分の性格に合った方法を見つけていきましょう。

家計管理のカギは3つの支出

家計管理では、すべての支出を把握する必要

じぶんボーナスのつくりかた

〈コツコツ準備派〉

毎月の収入 − 1年間のイベント支出÷12カ月 ＝ じぶんボーナス

〈まとめて派〉

はありません。

①食費&日用品費、②家族のレジャー費、③ママとパパのおこづかいの3つをコントロールするだけでいいんです。

例えば、「食費&日用品費」を振り返るときに悩む人が多いのは、次の内容です。

- **ランチ代は食費？ おこづかい？ それとも別途項目をつくる？**
- **外食費は食費？ おこづかい？ レジャー費？ それとも別途項目をつくる？**
- **化粧品は日用品費？ おこづかい？**
- **散髪代や美容院代は日用品費？ おこづかい？ それとも別途項目をつくる？**

どの支出をどこに振り分けてもかまいません

が、家族で振り分け項目を決めたら、そのルールのもとで予算を決めて、コントロールします。

目指すは、メリハリ支出。「ついつい支出」「せっかく支出」から脱出を

家族でレジャーを楽しむのは、とても大切なこと。

でも、「ちょっと寄って食べていく?」や、「疲れたからお総菜でいっか〜」という「**ついつい支出**」や「**なんとなく支出**」が、**家計の中で大きくなっているようなら要注意**です。

例えば週末につい立ち寄るファストフードが1人700円とすると、4人家族なら1回約3000円。これが週に1回なら1カ月1万円を超えますし、1年間で約15万円弱になります。

ファストフードが大好きで、家族の憩いや楽しみの場になっているのなら、この支出は大事な支出ですから続けてください。

でも、「これだけのお金があったら家族旅行に行ける!」や「ファストフード代を削ったら、月に1回1万円の贅沢な外食ができる!」と思ったのなら、メリハリをつけた支出を意識してみませんか?

「せっかく支出」は予算と時期を決めておこう

「せっかく支出」が出現するのは、あなたにとって大事なものが登場したとき。

例えば、「せっかく子どもが自分から習い事

「ついつい支出」と「せっかく支出」を家族の幸せ貯金に変えよう

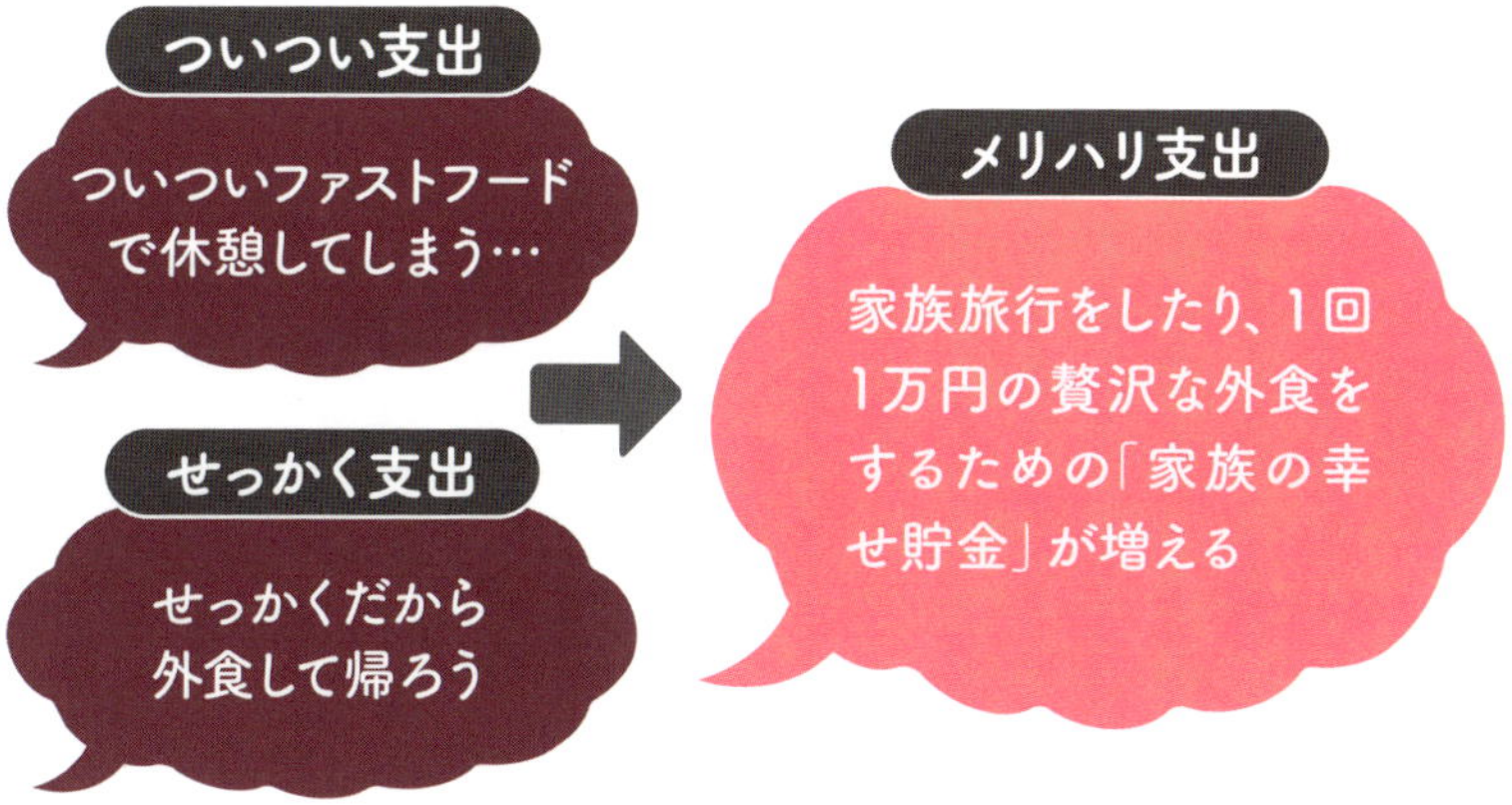
ついつい支出
ついついファストフードで休憩してしまう…
せっかく支出
せっかくだから外食して帰ろう
メリハリ支出
家族旅行をしたり、1回1万円の贅沢な外食をするための「家族の幸せ貯金」が増える

をしたいと言い出したから通わせてあげたい」「せっかくのお休みだから、家族でどこかに行きたい」など、子どもの意欲を大事にしたい、家族の思い出を増やしたい、といったときに「せっかく支出」の発生頻度は高くなります。

こうした**「せっかく支出」は、予算と時期を決めておくなら良い支出**です。

でも、それほど優先順位が高くないのに「せっかくだし……」が口グセや言い訳になっているようなら「せっかく支出」から卒業しましょう。「せっかくだし…」が口から出たときに、「本当にこれがしたいこと？」と自分に確認してください。

子どもと過ごす時間は限られているからこそ、**メリハリ支出で家族の幸せ貯金を増やしましょう！**

家計の見直しは固定費から

日用品とは、シャンプーやトイレットペーパー、洗剤などの消耗品のことで、4人家族でひと月5000円が目安です。Yシャツをクリーニングに出す人も、日用品費と合わせてひと月1万円以内を目指しましょう。

日用品費が1万円を超える原因の多くは、本来は「ママやパパのおこづかい」から出すべき支出を「とりあえず日用品費」に組み入れていること。

「おこづかい」の金額は増えてもいいので、**まずは、日用品費などの家族で使う支出と、個人の楽しみである「おこづかい」をちゃんと区分けする**ことから始めましょう。

スマホ費を圧縮すれば、10年で120万円の貯蓄も夢じゃない

今や日常生活には欠かせないスマホ。大手キャリア（NTTドコモ、au、ソフトバンク）の利用者と格安SIMユーザーの月額の差は約5000円というデータがあります。

つまり、夫婦で見直せばひと月1万円の支出が減るということ。一度行動するだけで年間12万円、10年なら120万円が浮くのです。

このお金があれば、子どもの習い事を1つ増やすこともできますし、家族旅行の回数も増やせますね。

通信費の見直しのコツは、家電量販店やスーパーなどの1つの店舗に複数の携帯ショップが入っているお店を利用すること。ここなら複数

節約の前に固定費の見直しを

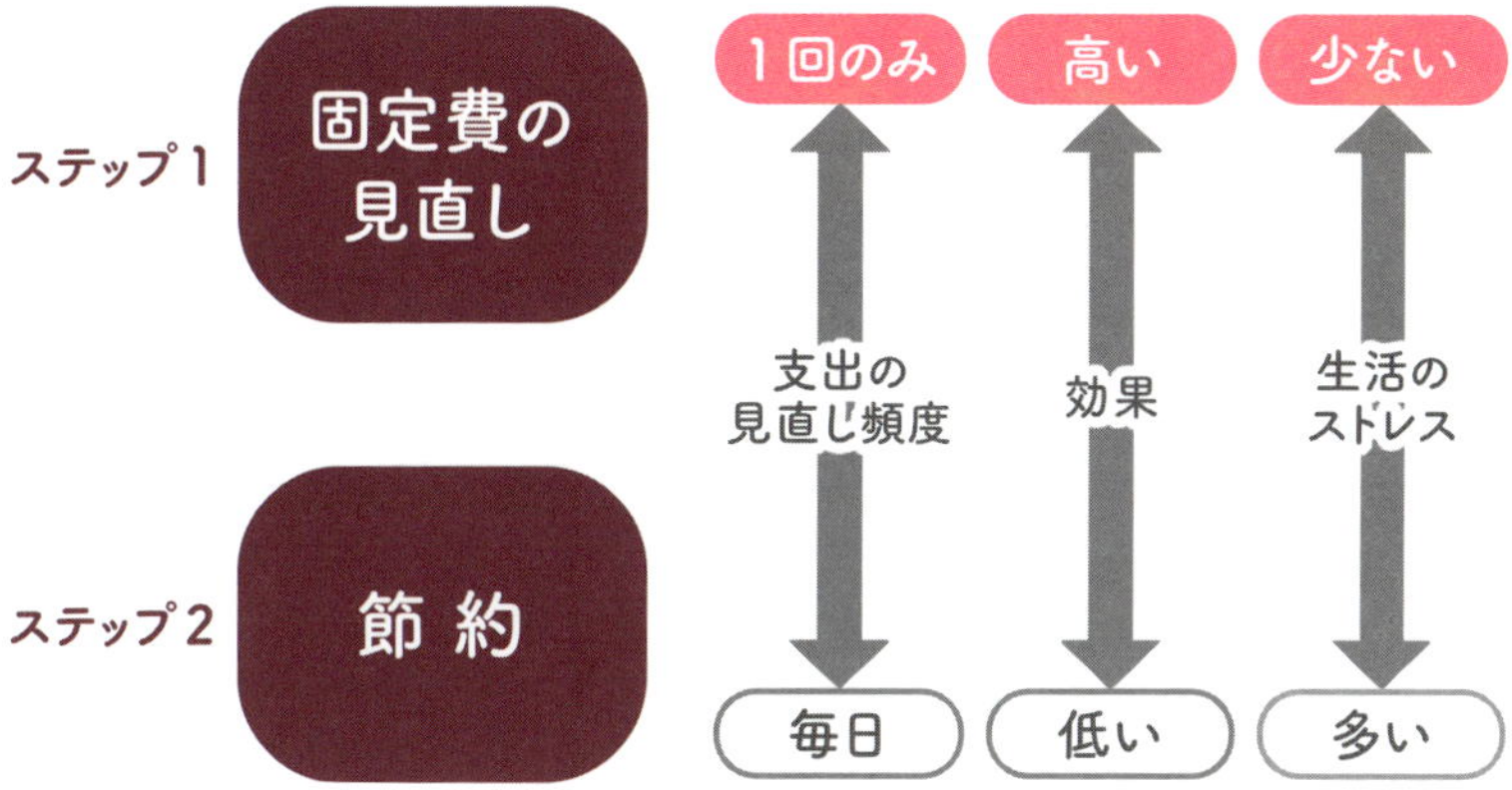

のプランを同時に比べることができますし、その場で手続きまで完了できるから便利です。見直しに行く前には、直近2～3カ月の使用履歴を見られるようにしておくと、最適なプランがわかりますよ。

通信費のような毎月決まった金額が出ていく**固定費の見直しは、一度頑張ったら毎月効果が続くため、日常生活でのストレスは少なく、効果が高い点**が特徴です。

通信費のほかにも、電気とガスの供給会社の見直し、生命保険や火災保険、自動車保険の見直し、住み替えや住宅ローンの見直しによる住居費削減があります。

家計の見直しは、固定費から始めてみてくださいね。

「わたし、おこづかいゼロ円なんです」の罠

あなたのおこづかい額は、いくらですか？

実は、専業＆パートママに多いのが、「わたし、おこづかいゼロ円なんです」という答え。「家族のために、おこづかいゼロ円で頑張っているんです」という気持ちはよくわかります。でも…そんなことはないですよね？

「おこづかい」とは、自分のために自由に使えるお金のこと。

本当におこづかいがゼロ円なら、次のようなお金はどこから出ているのでしょう？

- ママ友とのランチ代は？
- たまに買う洋服代は？
- 買い物ついでに買った自分のお菓子代は？
- ついつい増える化粧品代は？

これらのお金を、食費や日用品費にこっそり紛れ込ませていませんか？

「おこづかい」と意識していなくても、意外と「自分のためのお金」を使っているものなのです。

あっ、間違えないでくださいね。

専業＆パートママが自分のためにお金を使うのが悪いと言っているのではありません。改善してほしいのは、「私のおこづかいはゼロ円」と思い込んでいる、その気持ち。

罪悪感や遠慮なく使うためにも、自分のおこづかいをきちんと確保しましょう。

これっておこづかい？ 食費？

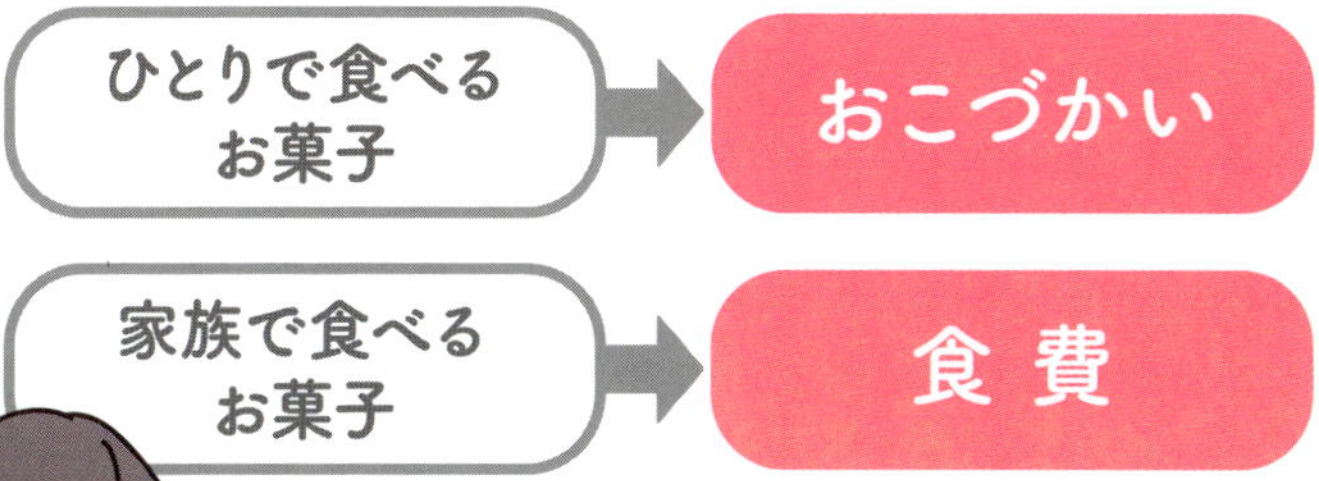

金額にかかわらず、
「ひとりで食べるお菓子」は「おこづかい」、
「家族で食べるお菓子」は「食費」

一方で、共働き夫婦では「おこづかいを決めていない」という答えも多くあります。

自分が稼いだお金の中から、金額も使い道も自由に使えるのはフルタイムで働く世帯の強みであり、当たり前と感じるかもしれません。

でも、家計は夫婦と子どもの家族全員で成り立っています。

自分に必要かつ、家計における適正な金額のおこづかいを決めると、自由に、安心して、そして自信を持ってお金を使えるようになります。

家族全員が気持ちよくお金を使うために、この機会に夫婦でおこづかいについて話し合ってみてください。

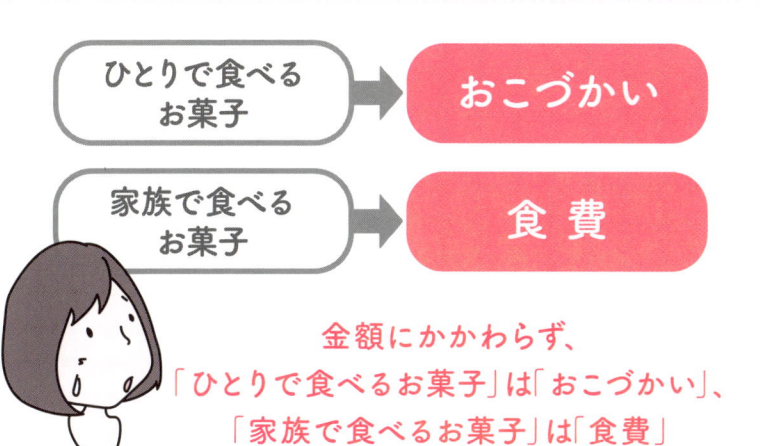

ママ＆パパのおこづかい

	20代	30代	40代	50代
男性平均額	4万373円	3万6196円	3万6089円	4万3453円
女性平均額	4万578円	3万9444円	3万1394円	2万8809円

※出典:SBI新生銀行「2024年会社員のお小遣い調査」。昼食込み

おこづかいの決め方

① おこづかいに含めるものを決める

Point! ランチ代、散髪・美容院代、クリーニング代などをおこづかいに含めるのか、家計から出すのかによって、おこづかいの金額は大きく変わる！

② 上記をもとにして、夫婦で金額を決める

イラスト／「ソコスト」「FREE STYLE SCRAPS CLIPS」

雑費の管理に便利な「封筒金庫」

子どものおやつ代に教材費、文房具に電車代。さらに、玄関のピンポンの音とともに突然来る自治会費の集金。

こんな生活のこまごましたお金は、子どもと一緒にいる時間や家にいる時間が長いママが払うことが多いようです。一方で、週末の外出でのちょっとしたおやつやジュース代は、パパが払うことが多いようです。

どちらも金額は大きくないものの、お財布を開いてお金を払う回数が多いだけに、「私ばっかり払っている」や「しょっちゅうお金が出ていく」という不満や不公平感がつのりやすいようですね。

クレジットカード払いや銀行口座から自動引き落としされる支出は、明細を振り返れば、誰がいくら払っているのかが明確にわかります。

でも、日々の小さな支出は数百円〜千円前後の金額であり、これらの支出をまとめる必要性は低く、小さな金額だからこそ、あえて家計で精算することにためらう人も少なくありません。

そんなときの、とっておきの解決方法が「封筒金庫」です。

家の中に「金庫」をつくることで、「お財布からお金がなくなる」という現実的な負担と、「私ばっかり払っている」という精神的なストレスがなくせます。

やり方は簡単！

封筒に家計の予備費のお金を千円札で50枚入れておき、必要なときに封筒の表に記録し、お金を出して使うだけ。

なお、「封筒金庫」を成功させるためのコツは、2つです。

1つ目は「**細かいことは気にしない**」。

例えば、700円が必要だったとき、まじめな人ほど「おつりの300円を封筒に戻さなきゃ」となりますが、戻さなくてかまいません。細かいことは気にせず、お金を取り出すときに記録したら、おつりは「支払いを担当したごほうび」ぐらいに考えて、「封筒金庫」を使いましょう。

2つ目は、「**収支合わせをしない**」こと。

これを言うとみなさん驚かれますが、「封筒金庫」の目的は、予定外の支出に備えること。だから、ピンチを脱出できればそれでいいのです。それにもともと「おつりは戻さなくてもOK」というルールなのだから、収支は合うはずがないですよね。

大事なことは、「何に、いくら使ったか」の把握です。

1年後、「封筒金庫」の封筒に書いた支出を合計して、「1年間で○万円ぐらいのこまごました支出があるんだなぁ」と、夫婦で共有できればいいんです。その結果を来年の家計に生かしましょう。

「**私ばっかり」と思ったときは、「封筒金庫」を夫婦で実践**してくださいね。

「封筒金庫」の使い方

① 封筒とペンを用意する（茶封筒や白封筒がベスト）。

↓

② 千円札を50枚入れる。

ATMを操作する際、5万円ではなく、「50千円」と入力すると、千円札が50枚出てきます（一度に出てくる枚数はATMの機種によって異なります）。

↓

③ 封筒のウラ面に、お金を入れた「日付」と「金額」を書く。

↓

④ 支出が発生したときは、封筒の表面に「日付」「理由」「金額」を書く。

予定外の支出は、家計やおこづかいから出さずに、必ず封筒の中からお金を出して記録するように夫婦で実行しましょう。

↓

⑤ 「封筒金庫」のお金がなくなったら、②～④を繰り返す。

↓

⑥ 「封筒金庫」を始めて1年経ったら、日々のこまごました支出にいくらぐらいのお金を使っているのかを支出項目（交際費、子どもの教材費など）別に振り返り、翌年の家計管理に生かす。

ふくらむ支出に「優先順位」会議はマスト

世帯収入にも余裕が出てくる、正社員同士の共働き世帯は、なにかと支出がふくらみがち。

それも「この支出はこだわっているからお金をかけたい」というよりは、「なんとなく」使っているお金が多いのが特徴です。でも、すべてを引き締めると、「こんなに頑張って夫婦で働いているのに……」と、ストレスがたまりかねません。

一方で専業やパート世帯でも、「こんなに頑張っているのに……」と、夫婦のどちらかがストレスを抱えているのもよくある話です。

そこで、家計の中で優先順位をつけることで、お金をかける支出と引き締める支出を決めませんか？

かけるところにはかける！
引き締めるところは引き締める！
メリハリボディならぬ、メリハリ家計をつくりましょう。

優先順位をつけるのに、おすすめなのが**「幸せ温度計」ワーク**。やりかたは簡単！

用意するものは、フセンとA4用紙2枚だけです。

次のステップに沿って、同じものを2セッ

来年度予算委員会
いいですか？なんでここまでパソコングッズの出費が多いのでしょうか？
一つあれば十分だとは思いませんか？
それに関しては以前にキチンと説明を致しました！
逆に聞きますが貴方の靴です!!
あれだけの種類を用意する理由をお聞かせ下さい
ねぇねぇ
いつまで続くの？
・・・
まずは優先順位から決めようか？
そうね 教育費は削りたくないしね

「幸せ温度計」ワークの進めかた

① フセンとA4用紙２枚を準備する。

↓

② フセン１枚につき支出ひとつを書く。
同じものを２セットつくる。

（例）食費、日用品費、洋服代、化粧品代、交際費、おこづかい（趣味のお金）、ペット代、水道光熱費、通信費、新聞代、交通費、住居費、車代、保険料、レジャー費、子どもの教育費など

↓

③ A4用紙に、支出を書いたフセンを、夫婦それぞれが自分が幸せになれる支出の順番に、上から下に並べる。

トつくり、夫婦でやってみてください。

大事なことは、「**自分がここにお金をかけると幸せ**」「**この支出だけは削りたくない！」という思いや価値観を重視すること。**

例えば住居費です。「家賃が高いから優先順位が一番上」とか「住むところは絶対に必要だから上のほう」などと金額の大小や必要性では並べません。「眠る場所があれば十分」と思うのなら優先順位は低く、「気持ちよく生活するために家は大事！」と考えるのなら優先順位は高くなります。

夫婦の優先順位はどのようになりましたか？

夫婦とはいえ、お互い別の人間ですから、

頭では考え方が違うことはわかっていても、「どこが違うのか」というのは、普段の生活ではなかなか明確になりません。でも、「幸せ温度計」ワークなら簡単だし、時間もかからず、ゲーム感覚で行えます。

夫婦でお金の話をすると、すぐにケンカになるという人も、**「幸せ温度計」ワークで大切にしている支出や価値観が見える化できると、「あぁ、優先順位が違うからケンカになっていたんだ」と、冷静に判断できるはず。**

さて、「幸せ温度計」ワークで自分が大切にしている支出がわかったら、次は、優先順位に沿った見直しです。

見直しは、優先順位が低いものや夫婦で同じくらいの順位になったものから行います。

優先順位が低い支出の見直しなら、カットするストレスが少なくて済みます。そして、見直しのための労力も時間も、「自分が本当にやりたいことにお金をかけるため」と思えば、きっと頑張れるはずです。

夫婦で優先順位が大きく異なるときは、その支出にかける思いを相手に伝えるとともに、パートナーの思いにもしっかりと耳を傾けてくださいね。

なお、このワークは、子どもがたくさんモノを欲しがったときの優先順位づけにも使えます。子どものお金の教育にも使ってみてください。

Column

夫婦の家計管理は3タイプ。それぞれのメリット、デメリットは？

今月は結構飲み代かさんだな〜
でも・・・
かわいいパンプス!!
1万2千円か〜
でも・・・
ま、向こうが貯金してるしいいか!
あの・・・全然貯まってないっすよ
パパ通帳
BANK
知らないわよ
ママ通帳
BANK

「支出分担派」「金額分担派」「1人分の収入で生活派」の3タイプのメリットと改善ポイントを伝授

共働きの家計管理において、ありがたくも悩ましいのは、「収入が2つあること」ではないでしょうか。

収入が1つなら把握がラクですが、収入が2つあると、2人の合計収入の金額も、家族でいくらお金を使っているのかの実態もわかりにくくなってしまいます。

そこで、代表的な家計管理パターンを3つに分けました。それぞれの特徴と改善策を考えてみましょう。

①「支出分担派」は全体支出の見える化を

共働きで多いのが、「支出分担派」です。

例えば、夫は住居費と水道光熱費、通信費を担当し、妻は食費と教育費と医療費を担当し、おこづかいはそれぞれが自分の収入から使い、レジャー費はそのときのお互いの懐具合によって支払う……といった家計管理です。心当たりがある人も多いのではないでしょうか？

このタイプでは、夫が主に自動引き落とし

の項目を担当し、妻が主に支払い回数が多い食費などを担当することが多く、項目別の支出担当者が明確になることがメリットです。

ただし、どうやって支出の分担を決めたのか？となると、独身時代からの口座をそのまま使っていたり、その場その場で引き落とし口座を適当に決めていたりすることが多いようです。

その結果、合計支出がいくらなのかがわかりにくく、3タイプの中でもお金が貯まりにくい傾向があります。

では、どうしたら貯まりやすくなるでしょうか。

自動引き落としの項目が夫婦それぞれにある場合や、引き落とし口座が複数の銀行に分かれていたり、クレジットカード払いの支出が分散している場合は、どちらがどの項目を負担するのかを決め直しましょう。支出口座は、パパの自動引き落とし口座1つ、ママの自動引き落とし口座1つにしぼり、2つで管理することをオススメします。

変更手続きは面倒かもしれませんが、**1冊の通帳を見るだけで自動引き落としの項目と金額がひと目で確認できるのは、家計管理のストレスも無くなるし、節約効果大**ですよ。

②「金額分担派」は貯蓄を含めた金額の設定がカギ

夫婦それぞれの収入額に応じて負担金額を決める「金額分担」は、お互いの収入から

共働き夫婦の家計管理3タイプ あなたの家は、どれが合う？

①支出分担派

自動引き落としで、住居費・教育費・水道光熱費・通信費などを分担。レジャー費や食費などはその都度各自が支払うタイプ。

メリット 支出の担当者が明確になる。

デメリット 口座がバラバラで支出総額が不明。貯蓄が増えにくい。

▶▶▶ 支出口座を1～2つにまとめて支出合計を「見える化」すればOK

②金額分担派

夫婦の収入額に応じて「家計分担額」を決める。どちらかの名義で「共通口座」をつくり、家計を管理するタイプ。

メリット 負担額の不公平感が少ない。家計費以外は「自分のお金」になる。

デメリット 貯蓄は相手任せで手薄になりがち。共通口座の名義人の手間がかかる。

▶▶▶ 将来の貯蓄額も家計費に含めて、共通口座の管理をするとOK

③1人分収入で生活派

夫婦のうち、片方の収入で支出（生活費も教育費もすべて）を担い、もう片方の収入はほぼ手を付けず、貯蓄に回すタイプ。

メリット 貯蓄のペースが速く貯まりやすい。

デメリット 支出を担う人名義のお金が貯まりにくいので、関心&モチベーションが下がりやすい。

▶▶▶ 年に1回、貯蓄担当者の口座から支出担当者の口座に貯蓄を振り替えて安心&やる気をアップ！

「家計」として負担する金額を決めて、共通の家計口座に入れる方法です。

なお、家計の共通口座とはいっても、どちらかの名義でしか口座はつくれません。そのため、定期的な入金や現金の引き出しなどの作業は、主として名義人になったほうが負担することになります。

例えば、それぞれ収入の6割を家計のお金として使うと決めたとしましょう。夫の手取り収入が30万円ならその6割で18万円、妻の手取り収入が20万円ならその6割で12万円を家計口座に入れます。この夫婦なら合計30万円が家計のお金となり、この家計口座から住居費や水道光熱費などの引き落とし項目はもちろん、食費などの現金支出も引き出して使います。

このタイプのメリットは、**お互いが収入に応じて負担していることが明確なため、不公平感が少ないこと。**また、家計口座に入れない残りの4割は、自分のお金。**自由度もちゃんと確保できることから、ストレスもたまりにくい**のです。

ただし、個人が自由に使えるお金が多すぎると、夫婦それぞれ「家計のお金はちゃんと払っているんだから、将来必要な教育費や老後資金は、そのなかで貯まっているはず！」という期待が高くなり、貯蓄が手薄になりがちです。

現実には日々の支出で家計口座のお金はなくなっていて、貯蓄まで手が回っていないこともあります。

そこで、**「今」使うお金に加えて、「将来」の教育費や老後資金なども、家計口座の中から積み立てられる金額を設定しましょう。**

③「1人分の収入で生活派」は貯蓄の振り替えでやる気をアップ

「1人分の収入で生活」は「夫（妻）の収入で生活して、妻（夫）の収入はすべて貯める」、という方法です。

確実に1人分の収入が貯まるので、3種の中では最も貯蓄額が増えやすいタイプです。

一方で「1人分の収入で生活」の場合、**家計の管理が夫婦どちらか（例えば妻）に偏り、もうひとりの家計や貯蓄に対する関心が低くなる傾向**があります。

ご相談者の中には、世帯年収に対する貯蓄額は高いにもかかわらず、自分名義の貯蓄が少ないことに気づいた夫が「こんなに頑張っているのに、オレの貯蓄はこれだけか……」と、働くモチベーションが下がってしまったケースもありましたし、「妻にすべて任せている」からこそ、夫が妻に相談されても「わからない」となり、夫婦でストレスを抱えるケースもありました。

夫婦どちらかのお金に対する関心&実行力が高いと、「あなたのモノも私のモノ」と同じように管理してあげる」となりがちですから、2人が納得できるように「見える化」できるといいですね。後々のお互いの財産についてのトラブルを避けるためにも、**年に1回、2人の財産を整理して振り替えましょう。**妻（夫）名義の貯蓄から夫（妻）名義の貯蓄に合理的に分け直すようにすると、安心とやる気が増しますよ。

よくある共働き世帯の家計管理3タイプをお伝えしましたが、収入が安定している会社員の方もいれば、月により差がある自営業の方もいらっしゃるでしょう。また、管理方法も、最近は手書きやエクセルの家計簿に限らず、アプリで家計管理をする人が増えてきました。

『マネーフォワードME』や『Zaim』などのアプリをダウンロードして、IDとパスワードを共有しておけば、それぞれが気になったときに確認したり、入力したりすることもできます。

また、家計の予算を夫婦共通のプリペイドカードでコントロールする『B／43』などの予算管理アプリもあります。

夫婦で家計の全体像を数字で把握できるようにしておくと、お金の話がしやすくなりますよ。

あなたに合う家計管理のタイプは、夫婦の性格によっても変わります。自分たちに合うやりかたを「見える化」しながら、見つけてみてくださいね。

「平均」や「適正割合」に振り回されてない？

ご相談者からのよくある質問に、「平均貯蓄額はいくらですか？」や、「家計の適正割合はどのくらい？」というものがあります。

そこで次のページに年代&年収別の貯蓄額を載せました。

まっさきに自分が該当する欄を見ると思いますが、実は、統計資料を見るときには注意点があります。

平均貯蓄額の「平均値」とは、集計対象者の貯蓄を合計して人数で割った数字、もうひとつの「中央値」とは、少ない人から順に並べたときの真ん中の人の値です。平均値は高い人が引き上げる面があるため、中央値のほうが実感に近いといわれています。

とはいえ、統計データは一部の人の調査結果です。年によって結果のばらつきがありますから、絶対的なものとは思わないようにしましょう。

「適正割合」も同じです。インターネットを検索すると、貯蓄の適正割合は2割や3割と出てきますが、収入が20万円と80万円の人では家計の貯蓄力も変わります。

だからこそ、平均や適正割合にこだわらず、あなたの家庭の優先順位に合った「わが家に必要な貯蓄」ができるようになりましょう！

貯蓄額は、平均値と中央値でこんなに違う！

単位／万円

2022年			平均値	中央値
貯蓄額（全国）			1291	400
20歳代	年収	収入はない	28	0
		300万円未満	232	5
		300万~500万円未満	133	10
		500万~750万円未満	235	153
		750万~1000万円未満	193	50
		1000万~1200万円未満	2165	2165
		1200万円以上	395	395
30歳代	年収	収入はない	12	0
		300万円未満	195	22
		300万~500万円未満	259	100
		500万~750万円未満	553	300
		750万~1000万円未満	992	600
		1000万~1200万円未満	1868	1076
		1200万円以上	1307	500
40歳代	年収	収入はない	97	0
		300万円未満	258	5
		300万~500万円未満	304	100
		500万~750万円未満	756	350
		750万~1000万円未満	1244	700
		1000万~1200万円未満	2247	1004
		1200万円以上	2949	850
50歳代	年収	収入はない	69	0
		300万円未満	565	20
		300万~500万円未満	692	130
		500万~750万円未満	1070	410
		750万~1000万円未満	1467	700
		1000万~1200万円未満	1998	1000
		1200万円以上	3139	2000

※出典：金融広報中央委員会「家計の金融行動に関する世論調査（二人以上世帯調査）」2022年の「金融資産保有額」

平均貯蓄額は、年によってもこんなに変わる！

単位／万円

			2021年	2022年
貯蓄額（全国平均）			1563	1291
20歳代	年収	収入はない	11	28
		300万円未満	98	232
		300万~500万円未満	154	133
		500万~750万円未満	328	235
		750万~1000万円未満	239	193
		1000万~1200万円未満	614	2165
		1200万円以上	338	395
30歳代	年収	収入はない	13	12
		300万円未満	255	195
		300万~500万円未満	293	259
		500万~750万円未満	657	553
		750万~1000万円未満	840	992
		1000万~1200万円未満	1155	1868
		1200万円以上	4628	1307
40歳代	年収	収入はない	181	97
		300万円未満	293	258
		300万~500万円未満	448	304
		500万~750万円未満	961	756
		750万~1000万円未満	934	1244
		1000万~1200万円未満	1453	2247
		1200万円以上	3577	2949
50歳代	年収	収入はない	658	69
		300万円未満	499	565
		300万~500万円未満	687	692
		500万~750万円未満	1134	1070
		750万~1000万円未満	1583	1467
		1000万~1200万円未満	2083	1998
		1200万円以上	3774	3139

※出典：金融広報中央委員会「家計の金融行動に関する世論調査（二人以上世帯調査）」2021年・2022年の「金融資産保有額」

Chapter

4

知らなきゃソン！
働きかたと国のサポート

働きかた&
社会保険&
税金

パートの収入、いくらを超えたら働きゾンですか？

パート勤務を選ぶ動機には、「少しでも働いて収入を増やしたい」「家にいるだけじゃなくて社会とかかわりたい」というケースもあれば、「子どもといる時間を増やすために、正社員をやめたい」というケースもあります。

そんなときに気になるのは、「正社員とパート、何が違うの？」「パートの壁っていったいいくらなの？」という社会保険と税金の制度でしょう。

「働きすぎるとソンするから、パートは一定金額内に抑えたほうがトク」と考えている人も少なくありません。でも、もしかしたらその情報は「思い込み」かもしれませんよ。

制度に男女の区別はありませんが、ここではイメージしやすいように夫が会社員、妻がパートの前提でお伝えします。妻のお金の分岐点と、夫のお金の分岐点を分けて考えると理解しやすくなります。

妻の働きかたで、社会保険が変わる！

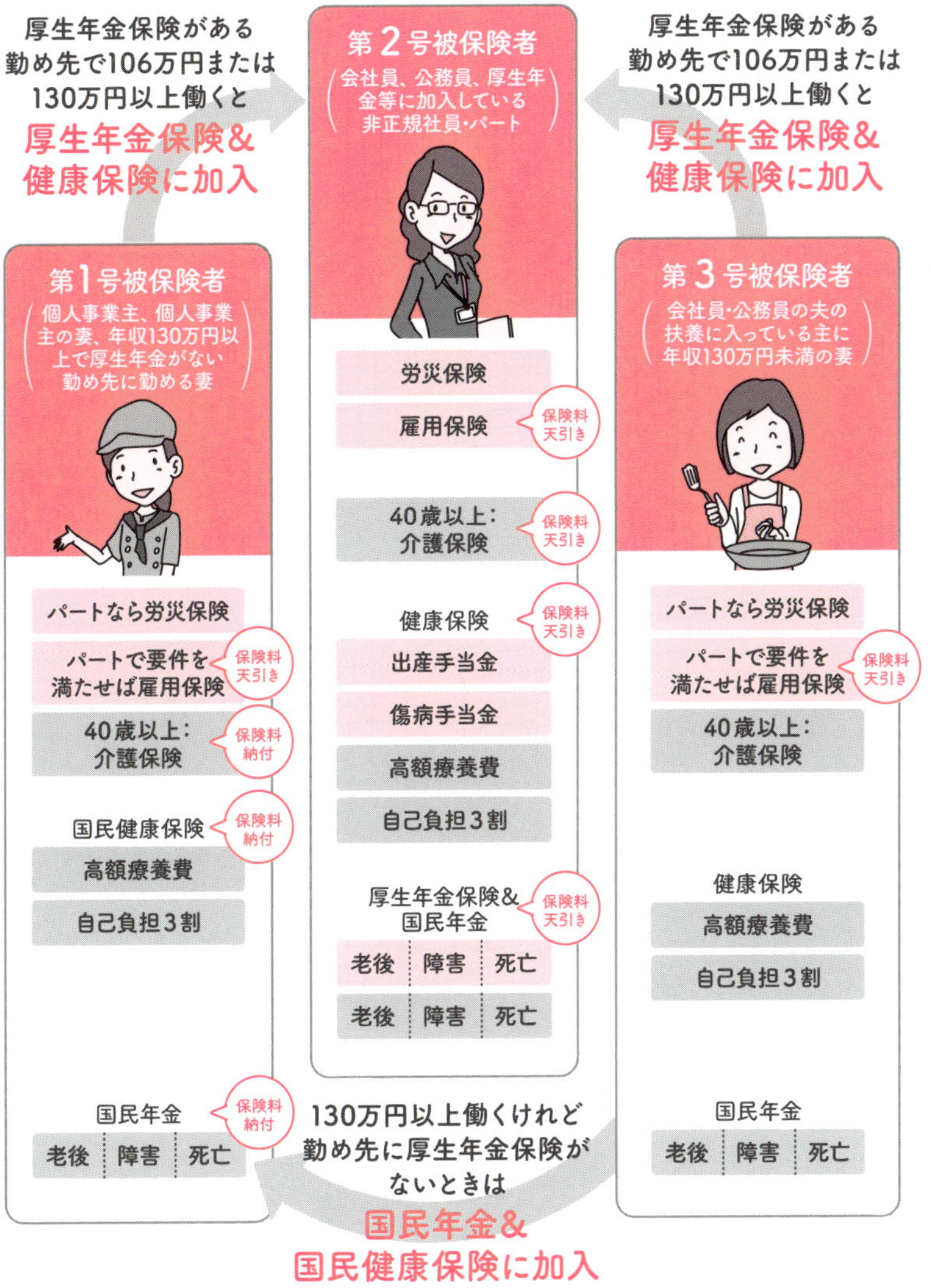

※薄いピンク色で示した箇所は働く本人への上乗せ給付

妻のお金の分岐点は3つです。妻の**年収が100万円を超えると妻は自分で住民税を納め、103万円を超えると所得税も納める**ようになります。

そして、**妻のパート年収が130万円以上になり、厚生年金保険のある勤め先で働く場合は、給料天引きで厚生年金保険料や健康保険料などの社会保険料も納めます。**社会保険料を自分の給料から納めるのは年収130万円が分岐点ですが、**従業員51人以上の会社で、1週間に20時間以上働く場合は、年収106万円(月額8万8000円)以上で社会保険に加入し**ます。※

厚生年金保険がない勤務先の場合は、妻が自分で国民年金保険料と国民健康保険料を納めます。

次は、夫が納める税金にかかわる2つの分岐点です。

妻の年収が150万円を超えると、夫が年末調整で申請する配偶者控除や配偶者特別控除の枠が少しずつ減ります。そして、**妻の年収が201・6万円を超えると、**夫は配偶者特別控除を使うことができなくなり、**夫の税金が増えます。**妻がフリーランス(個人事業主)の場合は、年収150万円を所得48万円、年収201・6万円を所得133万円と読みかえてください。

※2024年10月の制度改正を反映

妻のパート収入と夫の税金

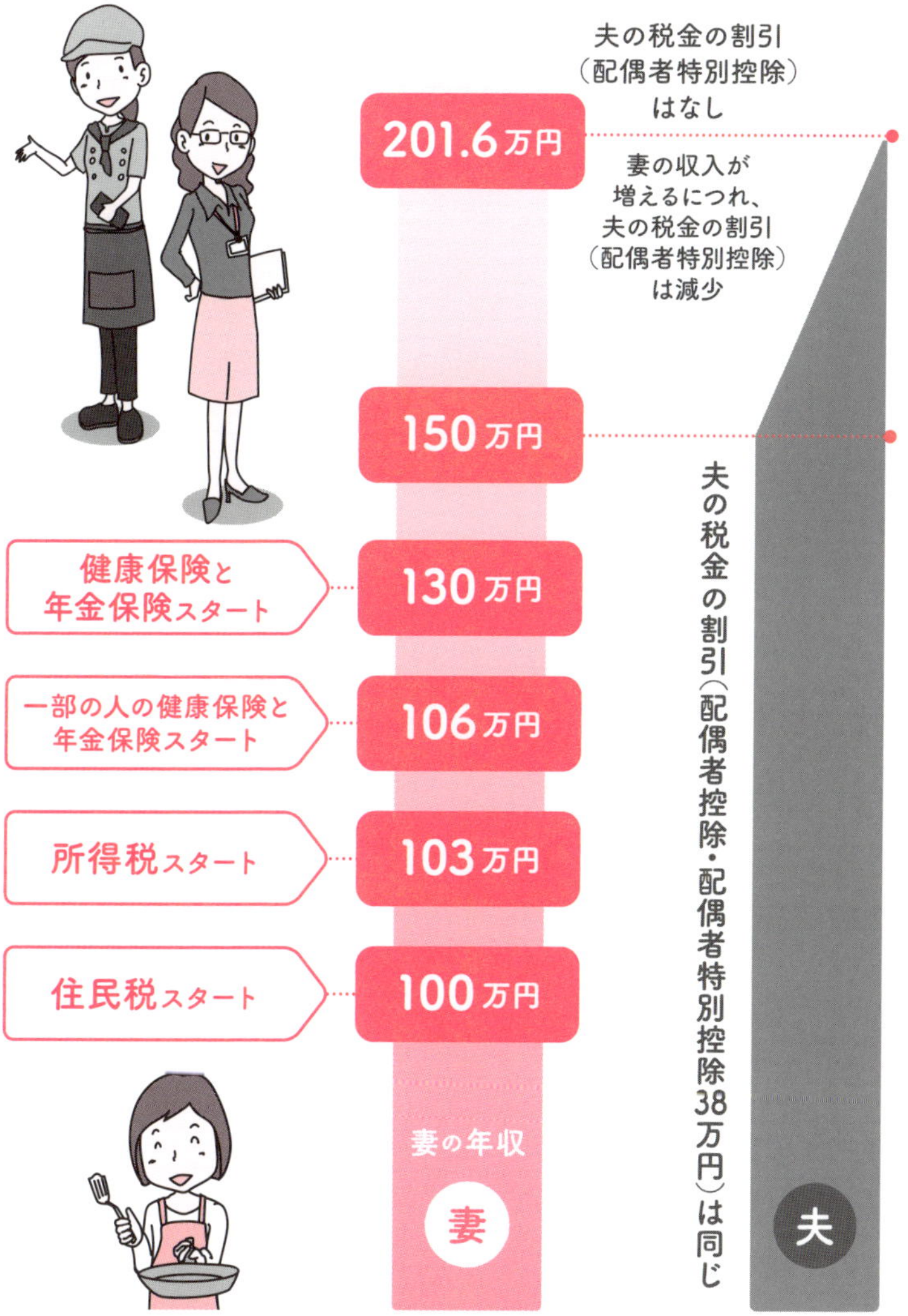

※夫の給与収入が1095万円（所得900万円）から1195万円（所得1000万円）までは控除額が減額され、給与収入1195万円超では、これらの配偶者に関する控除が全く受けられない

なお、夫の会社に家族手当制度がある場合、妻分の家族手当がストップする年収は、夫の会社のルール次第です。事前に夫が確認しておきましょう。

さて、妻の年収が106万円または130万円以上になって差し引かれる社会保険料と税金の合計額は、収入の何割ぐらいでしょうか？

ざっくり目安は、収入の約2割です。収入の約2割が天引きされ、手取りが8割になるため、「今」の収入に目を向けると、「ソン」と言われているわけですね。

でも、社会保険料を納めることで、「トク」する面もちゃんとあります。

パート先の健康保険に加入すると、出産で会社を休んでも**「出産手当金」**として産前産後に給料日額相当分の3分の2を受け取ることができます。

また、もしも病気などで長期間会社を休んで十分な給料を得ることができない場合には、給料日額相当分の3分の2を**「傷病手当金」**として受け取ることができます。

厚生年金保険に加入すると、厚生年金保険料を納めた分も**老後の年金**は増えるし、障がい状態になったときは**障害厚生年金**と**障害基礎年金**が受け取れます。もしも幼い子どもを残して亡くなった場合も、**遺族基礎年金**と**遺族厚生年金**を残すことができます。

さらに、納税しているからこそ、老後の準備制度である**個人型確定拠出年金（iDeCo）**を使って税金の軽減効果が得られたり、**ふるさと納税**などを楽しむこともできたりします。

つまり、パート収入のソン・トクは、今のあなたが「何を重視するか」で変わるということ。

あなたが**「同じ時間を働くのなら手取り収入を減らしたくない」「今の貯蓄を増やしたい」「夫の会社からの家族手当をなくしたくない」と思って働くのなら、**給料から社会保険料が差し引かれない年収106万円または130万円未満に抑えたほうがトク、**ということになります。

でも、**保障や老後など「もしもの事態」や「将来」のことまで含めた家計の安心をつくりたいのなら、社会保険料を納めたほうがトク、**ということになります。

ソン・トクを考えることは、生きていくうえで重要なバランス感覚の一つです。

でも、制度は時代とともに変わります。働きたい気持ちがあるのなら、税制や社会保険制度に一喜一憂しない、自分ならではの働きかたを選択しませんか？

「副業で儲かった！」。いくらからが申告ライン？

最近は副業を認める会社が増えています。これにより、本業以外での収入も得やすくなりましたが、注意したいのが税金です。

会社員の税金は給料から天引きされ、年末調整で納税完了ですが、副業がある場合は原則、翌年に確定申告が必要です。

2カ所から給料を受け取り、2カ所目の給与収入が20万円を超えると、確定申告をしなくてはなりません。一方、手作りアクセサリーをアプリなどで売った場合は、「売り上げから必要経費を差し引いた利益（所得）」が、**会社員なら20万円、専業主婦（夫）なら48万円を超えたときに確定申告**が必要です。

「知らなかった！」では済まされないので、副業を始めるなら税金の知識が必須ですよ。

なお、使っていた生活用品をリサイクルショップやフリマアプリなどで売った場合は、税金の対象外です。

「副業で儲かった！」。いくらからが申告ライン？

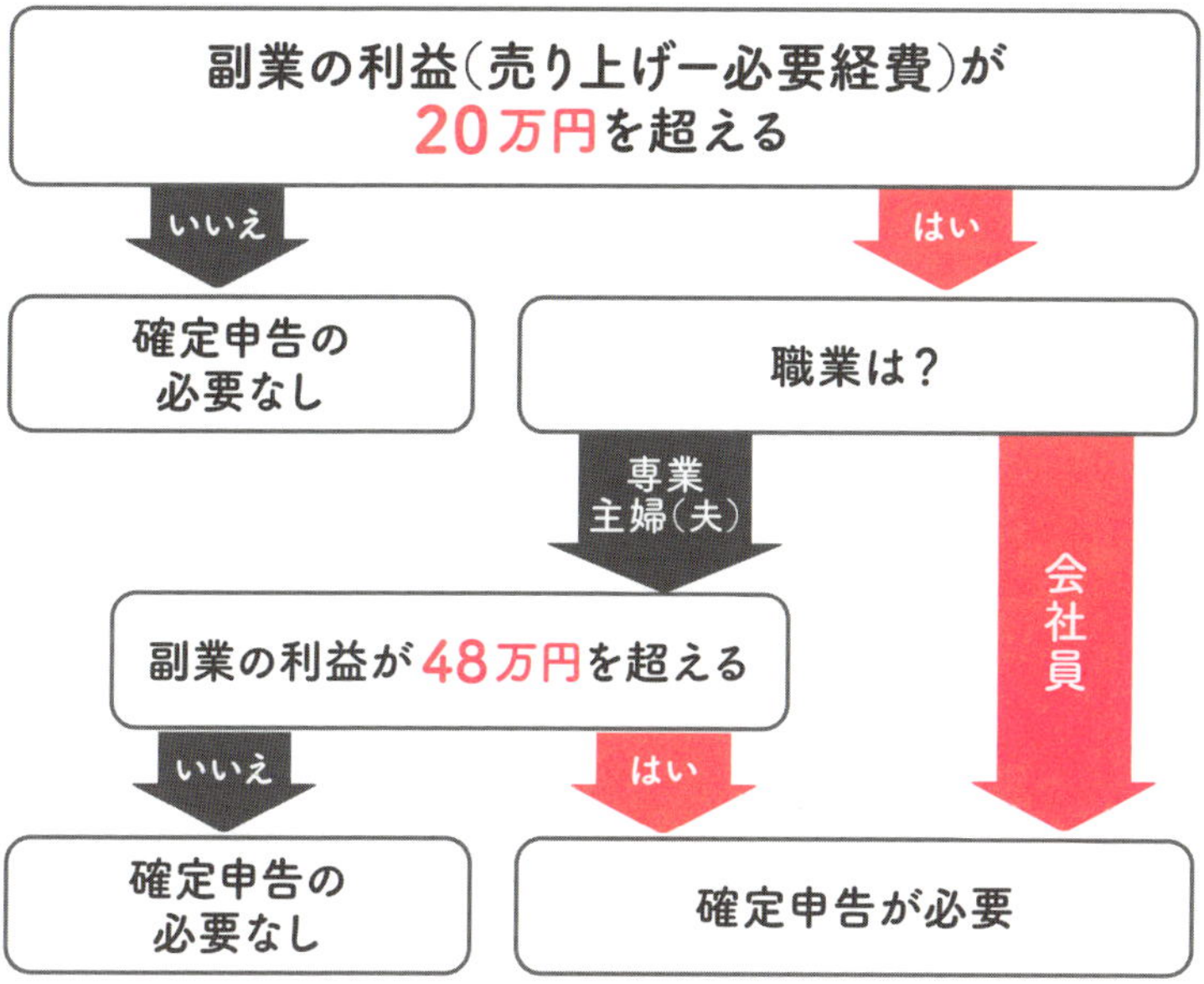

子どもが成長して着なくなった服やおもちゃなどを売って得た利益、クレジットカードのポイント・マイルは、原則として確定申告する必要はありません。

現在、起業を検討中。個人事業主と法人、どっちがいいの？

起業の際、フリーランス（個人事業主）としてスタートするか、株式会社などの法人にして始めるか、何をポイントにして決めたらいいのか迷うことと思います。**税金面**に注目する人が多いのですが、**子育て世帯は「もしものときの保障の違い」**も知っておきましょう。

個人事業主の良さは、起業のしやすさです。

国税庁のサイトから開業届出書をダウンロードして必要事項を記入して提出したら、これであなたも個人事業主です。手軽に起業できますが、国民年金第1号被保険者となるため、もしもの保障は最低限しかありません（135ページ）。

一方、自分で会社を設立すると、会社から役員給与を受け取るから、会社員時代と同じ保障があります。自分1人でも会社はつくれますが、設立時や維持にコストがかかりますし、会社が半分負担する社会保険料も、実際は自分と会社ですべて負担することになります。

どちらが向いているかは、事業の内容や売り上げ見込みなどを含めて検討しましょう。

起業を考えたときに知っておきたい社会保険&税金知識

		会社員	起業	
			個人事業主	会社と代表者
社会保険	年金制度	厚生年金保険・国民年金	国民年金	厚生年金保険・国民年金
	年金保険料	給料の9.15%	国民年金保険料 月額約1万7000円	会社と本人合わせて給料の18.3%（2分の1ずつ負担）
	健康保険料・介護保険料	給料の約5～6%前後	前年の所得による	会社と本人合わせて給料の約10～12%（2分の1ずつ負担）
	死亡したとき	遺族厚生年金・中高齢寡婦加算・遺族基礎年金	遺族基礎年金	遺族厚生年金・中高齢寡婦加算・遺族基礎年金
	長期間働けないとき	傷病手当金	なし	役員給与または傷病手当金
税金	税率	所得税と住民税（合わせて15～55%）	所得税と住民税（合わせて15～55%）と事業税（5%）	●会社:法人税+法人住民税等約21～34% ●代表者:所得税+住民税15～55%
	赤字のとき	ー	納税の必要なし	最低約7万円

産休・育休制度を詳しく知ろう！

「産休」は、働くママが利用できる制度です。勤続年数などの条件はなく、出産の日以前42日と、出産の翌日以後56日目までの間が産休期間です。出産が予定日から遅れたり、双子を出産したりした場合は、出産前の期間が長くなります。

給料から**自分で健康保険料を収めている人が、産休で会社を休み、給料が出ない場合は、**「**出産手当金**」が受け取れます。**出産手当金の金額は、休む前の給料日額の3分の2**が目安です。1年以上働いていて、産休期間に入ってから退職する場合は、退職日に出勤しなければ、退職後も所定の期日まで出産手当金を受け取ることができます。

産休の後は、そのまま育休に入るママが多いでしょう。もちろん、育休はパパも取ることができます。

「育休」とは、会社員などの雇用保険に加入しているママ・パパが育児のために会社を休み、

産休と育休

産休
- 給料1日分の3分の2（出産手当金）
- 産前42日（双子などの場合は98日）、産後56日

育休
- 当初半年間は、給料1日分の67%
- 半年経過後から原則子どもが1歳になる前日までは、給料1日分の50%

給料が出ない間「育児休業給付金」を受け取ることができる制度です。

育児休業給付金の金額は、当初6カ月間は休む前の給料日額の67%、半年経過後から子どもが1歳になる前日までは50%です。

ただし、給与が約46万円より高い人には上限額があります。イメージしやすいように1カ月（30日）分に換算すると、当初半年間は約31万円、半年経過後は約23万円が上限になります。

保育園に入園できずに復帰できない場合は、最長子どもが2歳になるまで育休の延長ができます。

パパの育休制度はどうなってる？

パパの育休には、大きく2種類あります。

一つは先ほど説明した、**原則子どもが1歳になるまでの育休**です。

もう一つは、**ママの産後の負担を軽くするための「産後パパ育休制度」**です。産後パパ育休では、子どもが生まれてから8週間の間に、最大2回、4週間（28日）分までパパが育休を取ることができます。また、パパとママが協力して育休を取る場合は、子どもが1歳2カ月に達する日まで取得できる、「パパ・ママ育休プラス制度」もあります。

2025年度からは、**子どもが生まれてから男性は8週間以内に、女性は産後休業後8週間以内に夫婦それぞれが14日以上の育休を取得した場合、最大28日間、給料日額の13％が上乗せされ（合計80％）、産休・育休前の手取り収入相当額が受け取れる**ようになります（出生後休業支援給付）。また、2歳未満の子どもを育てながら時短復帰した場合は、**時短勤務中の給料の10％**が受け取れます（育児時短就業給付）。

子育てにかかわる制度は変化が激しいため、アンテナをしっかりと張っておきましょう。

ママ・パパの産休・育休制度

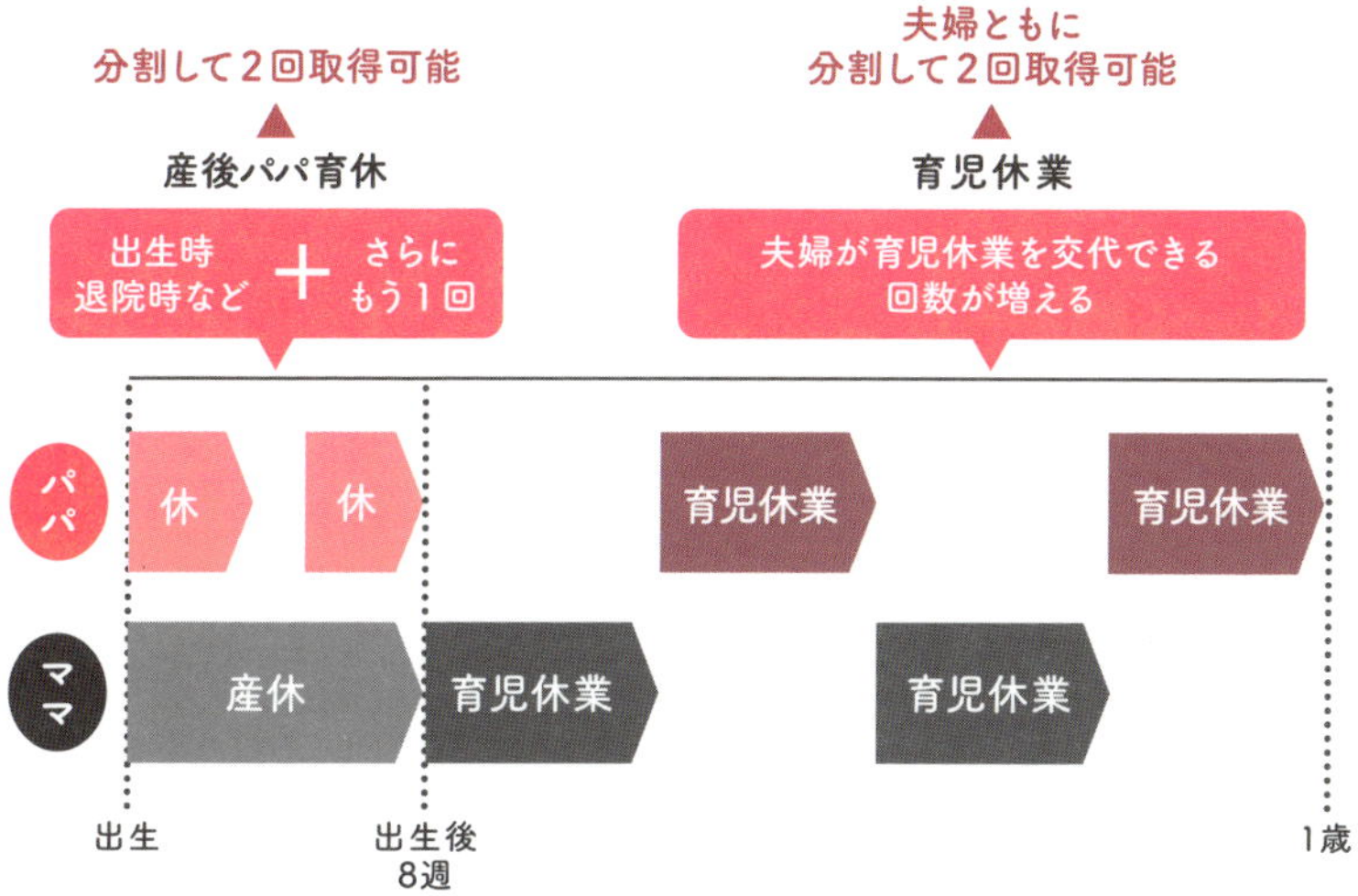

※厚生労働省ミニリーフレット「育児休業取得がパパの最初の仕事です」を基に作成。
※「パパ・ママ育休プラス制度」で育休を取得できる期間は1歳2カ月までの1年間（パパは産後パパ育休、ママは出産日と産後休業期間を含む）

パートや派遣社員も産休・育休を取れる？

産休は、派遣社員や契約社員などの雇用期間が決まっている人も利用できますし、勤続年数や労働時間数にかかわらず、パート勤務の人も取得できます。

出産手当金の請求は、契約社員は勤務先の健康保険に、派遣社員は登録をした派遣元で加入している健康保険に手続きします。

なお、夫の健康保険の扶養内で働くパートや国民健康保険の人は、産休は取得できますが、出産手当金はありません。

育休中の育児休業給付金は、子どもが1歳6カ月になるまでに、パートや派遣などの労働契約の期間が終了することが明らかではない場合に申請できます（労使協定がある場合は、1年以上働いていない人や、1年以内に雇用関係が終了する人、週2日以下で働く人は除外されます）。

わからないことがあるときは、派遣元や派遣先、ハローワークなどに相談しましょう。

育休中に次の子どもを妊娠したらどうなるの？

育休中に次の子どもを出産する場合は、出産予定日の前42日から58日目までが産休となり、その後、次の子どもの育休開始となります。

育休中に受け取っているのは給料日額の50％ですから、次の子どもの産前・産後の出産手当金に変わることで、給料日額の3分の2を受け取れることになります。産休や育休の金額の基となる給料は、最初の産休に入る前に受け取っていた給料で計算されますし、無収入になるわけではないので、安心してください。

産休や育休で収入が減ることや、キャリアや職場の人員面で負担を感じることもあると思います。でも、キャリアや減った収入は後からカバーすることができます。

幼い子どもと一緒に過ごせる時間は後から取り戻せません。だからこそ、出産後に夫婦2人で子育てができる時間も大事にしてくださいね。

ママが正社員でもパパの扶養に入れるときがある！

「ママが正社員だと、パパの扶養に入れない」「共働きだから配偶者控除は関係ない」と思い込んでいませんか？

実は、**産休や育休の取得時期と給与収入によっては、ママが税金面でパパの扶養に入れる、つまり、パパが年末調整で配偶者控除・配偶者特別控除の申請ができる**んです。

パパの所得が１０００万円（給与収入１２１０万円）以下の場合、ママの給与収入が１５０万円までならパパは配偶者控除、または配偶者特別控除を使うことができます（最大38万円）。ママの給与収入が１５０万円を超えていても、２０１・６万円未満ならパパは配偶者特別控除が段階的に使えるから、やっぱりパパの税金は安くなります。

「でも、産休や育休の手当もあるし、２０１・６万円以上だから無理か……」と、がっかりするのは、まだ早い！

正社員ママも、パパの扶養に入れる!

ママの給料とボーナスの合計額が 201.6万円未満ならチャンス

ママの給与収入が 150万円以下
▶▶▶ パパが配偶者控除、または配偶者特別控除を使える!

ママの給与収入が 150万円超201.6万円未満
▶▶▶ パパが配偶者特別控除を使える!

すると!

**パパの所得税と住民税が安くなる!
翌年の保育料が安くなる可能性も!**

※パパの給与収入が1110万～1210万円の場合は配偶者に関する控除は減額され、この上限金額を超えると配偶者に関する控除は使えない

給与収入は、1月から12月までに受け取った給料とボーナスの合計額で計算します。**産休時の出産手当金や出産育児一時金の50万円、切迫早産などで長期間休んだときの傷病手当金、育休時の育児休業給付金は非課税**です。これらのお金がいくら口座に振り込まれても、税金を計算するときの給与収入には含みません。

つまり、産休と育休で1年中仕事を休んだ場合はもちろん、年が明けた早い時期から産休・育休に入ったり、年の後半に職場復帰したりした場合は、ママの給与収入が201・6万円未満になる可能性が高いでしょう。そのときは、パパが会社の年末調整で配偶者控除や配偶者特別控除の手続きをすると、パパの所得税・住民税が安くなるのです。

例えば、ママの給与収入が150万円以下で年収400万円のパパが、配偶者控除38万円を利用する場合、パパが納める所得税と住民税は合計約5万円安くなります。パパの年収が800万円なら約11万円安くなります。パパの市区町村民税額が下がれば、ママが仕事復帰するときの保育料も安くなるかもしれません。

配偶者控除等を受けていない場合は、**5年前の分までさかのぼって確定申告**できますよ。

産休・育休を取ったママ・パパのための特例措置
知らなきゃ今も将来もソンするかも

出産手当金や育児休業給付金を受け取っている間の厚生年金保険料と健康保険料は、免除されます。

また、**個人事業主やその妻などの自分で国民年金保険料と国民健康保険料を納めている人には、産休にあたる期間の免除制度**があります。市区町村に届け出ると、産前産後の期間（出産予定日または出産日が属する月の前月から4カ月間）が、免除されます。出産予定日の6カ月前から届け出できますから、忘れないように手続きしてくださいね。また、2026年10月からは、子どもが1歳になるまでの育休にあたる期間の免除も始まります。

本来は、納める年金保険料が免除になると、老後の年金も連動して減ってしまいます。それでは子育て中の人が不利になるので、特例として、**年金保険料を納めなくても老後の年金を計算する際は、産休・育休前の保険料を納めたとして計算されるから安心**ですよ。

会社復帰後の社会保険料はどうなる？

ママなら産休・育休から復帰したとき、パパなら育休から**復帰したときの給料が、休む前に比べて少なくなったときは、会社を通じて「産前産後休業終了時報酬月額変更届」の手続き**を行いましょう。

この書類が日本年金機構に提出されると、復帰後3カ月間に受け取った給料の平均額を出し、**4カ月目からは、減った給料に応じた少ない厚生年金保険料と健康保険料の納付で済む**ようになります。

ただし、このままでは納める厚生年金保険料が下がる分、将来の老後の年金も減ってしまうため、同時に**「育児休業等終了時報酬月額変更届」の手続き**も行います。すると、**老後の年金を計算する際は、休む前の高い給料で計算してくれます。**これなら今も将来も安心ですね。

期間は、子どもが3歳になるまで。

手続きをしていなかった場合は、2年前までさかのぼれますよ。

産休・育休に伴う社会保険の特例措置のイメージ

<table>
<tr><td>4月</td><td>通常の給料20万円</td><td>20万円に対する社会保険料（約2万9000円）を納める</td></tr>
<tr><td>5月</td><td rowspan="3">●出産手当金44万円
●出産育児一時金50万円</td><td rowspan="5">産休・育休中の社会保険料は免除</td></tr>
<tr><td>6月</td></tr>
<tr><td>7月</td></tr>
<tr><td>8月</td><td rowspan="2">育児休業給付金121万円</td></tr>
<tr><td>9月〜（翌年）5月</td></tr>
<tr><td>6月</td><td rowspan="4">時短勤務により給料18万円</td><td rowspan="3">産休・育休前の20万円に対する社会保険料（約2万9000円）を納める</td></tr>
<tr><td>7月</td></tr>
<tr><td>8月</td></tr>
<tr><td>9月</td><td>復帰後3カ月間の平均18万円に対する社会保険料（約2万6000円）を納める</td></tr>
</table>

※40歳未満の場合

知らなきゃソンする「子どもの扶養」

子どもの扶養には、**税金・健康保険・家族手当**が関係します。

まずは、税金面です。

ママもパパも会社員なら、年末調整の時期にどちらかが「給与所得者の扶養控除等申告書」に子どもの名前を書いて提出します。**子どもが16歳以上なら扶養控除の対象なので、所得が高いほうの扶養にした方がトク**ですが、15歳以下では、**所得税**はどちらの扶養にしてもソン・トクはありません。

でも、住民税には非課税制度があるので、15歳以下の子どもをどちらの扶養にするかでソン・トクが変わるケースがあります。15歳以下の子どもをパートで働くママの扶養に入れると、住民税がかからないことがあるのです（住民税が非課税になるママの収入金額は、15歳以下の子どもの人数によって変わります）。ただし、パパの扶養から外すことで、パパの会社からの家族手当が受けられない場合もあるので、気になる人は、会社とお住まいの自治体に確認してください。

次は、健康保険です。

原則として、**収入が高いほう**の扶養に入れます。夫婦の収入が同じぐらいなら、**健康保**

子どもの扶養はどっちに入れる？

険の給付が手厚いほうに手続きしましょう。
実は、国民健康保険や中小企業が加入する全国健康保険協会（協会けんぽ）の給付は一律ですが、大企業の健康保険組合の中には、付加給付という手厚い給付や予防接種などの補助があるところがあるのです。

なお、税金の扶養と健康保険の扶養は、異なっていても、問題ありません。税金は妻、健康保険は夫の扶養にすることもできます。

最後は、家族手当です。

会社によっては、子ども1人あたり月数千円の家族（扶養）手当があります。**家族手当を受け取るのは、一般的には健康保険などで子どもを扶養にした人や世帯主**です。手当の詳細は勤務先に確認しましょう。

子育て世帯こそ「医療費控除」を。高収入なら「所得金額調整控除」を忘れずに

会社員の税金は自動で天引きされて納めます。でも、税金を安くしたいと思ったら、年末調整での申請や、確定申告をして納めた税金の還付を受ける手続きが必要です。

「医療費控除」は聞いたことがある人も多いでしょう。**1月1日から12月31日までの1年間に、家族全員にかかった医療費から、保険会社から受け取った給付金などを差し引いた金額が、原則10万円を超えた場合に確定申告**で使える制度です。

子どもには、乳幼児・子ども医療費助成制度があるから自己負担額は少ないですが、子どもが幼くて、1人で通院させることができないときの親の付き添い交通費も医療費控除の対象となります（子どもの入院中に親が通うための交通費は対象外）。電車やバスの交通費は領収書がなくても医療費控除の対象です。確定申告をするときは、申告モレがないようにしておきましょう。

子育て世帯が知っておきたい税制

医療費控除

家族全員の医療費の合計を確定申告
（親の付き添い交通費、出産費用、健康保険適用外の自由診療医療費、市販薬もOK）

所得金額調整控除

年収850万円超の人は
年末調整（確定申告）で申請

「所得金額調整控除」とは、22歳以下の子どもがいる年収850万円超の人のためにある税金の割引制度のようなものです。給与所得から「収入（1000万円上限）－850万円」×10％の額を差し引いて税金を計算します。例えば給与収入1000万円の場合、所得税と住民税で約4万5000円の税負担が軽くなるということです。

夫婦それぞれが年収850万円を超えているなら、子どもが自分の扶養に入っていなくても、それぞれが申請できます。申請モレがあったらもったいないですよ。

子どもには「乳幼児・子ども医療費助成制度」と「災害共済給付制度」がある！

子どもの医療費は、健康保険があるおかげで小学校に入るまでは2割負担、小学校入学後は3割負担となっています。でも実際には、自治体独自の**「乳幼児・子ども医療費助成制度」があるから、無償やそれに近い金額で受診**できます。対象年齢や助成内容は自治体によって異なるため、自治体サイトで確認しましょう。

また、子どもが園や学校に通うようになると、学校や部活、登下校中などの学校の管理下でケガをして病院に行くこともあるでしょう。そんなときの強い味方が、園や学校単位で加入する日本スポーツ振興センターの**「災害共済給付制度」**です。

医療費が5000円（3割負担で窓口で1500円）を超えた場合、**園や学校を通じて申請をすると、自己負担したお金と医療費の1割分のお見舞い金**を受け取ることができます。

オトナの労災保険のようなものですが、お見舞金分がプラスになるから安心ですね。

乳幼児・子ども医療費助成制度の例

東京都（世田谷区）	大阪市	福岡市
18歳の年度末まで通院・入院・入院時の食事代の自己負担なし	●18歳の年度末まで、通院・入院に対して1病院ごとに1日最大500円の負担（月3日目以降の負担なし） ●1カ月の自己負担が2500円超は払い戻しあり	18歳の年度末まで入院は自己負担なし、通院は3歳以上は1病院ごとに月500円まで

園や学校でのケガは災害共済給付制度で賄える

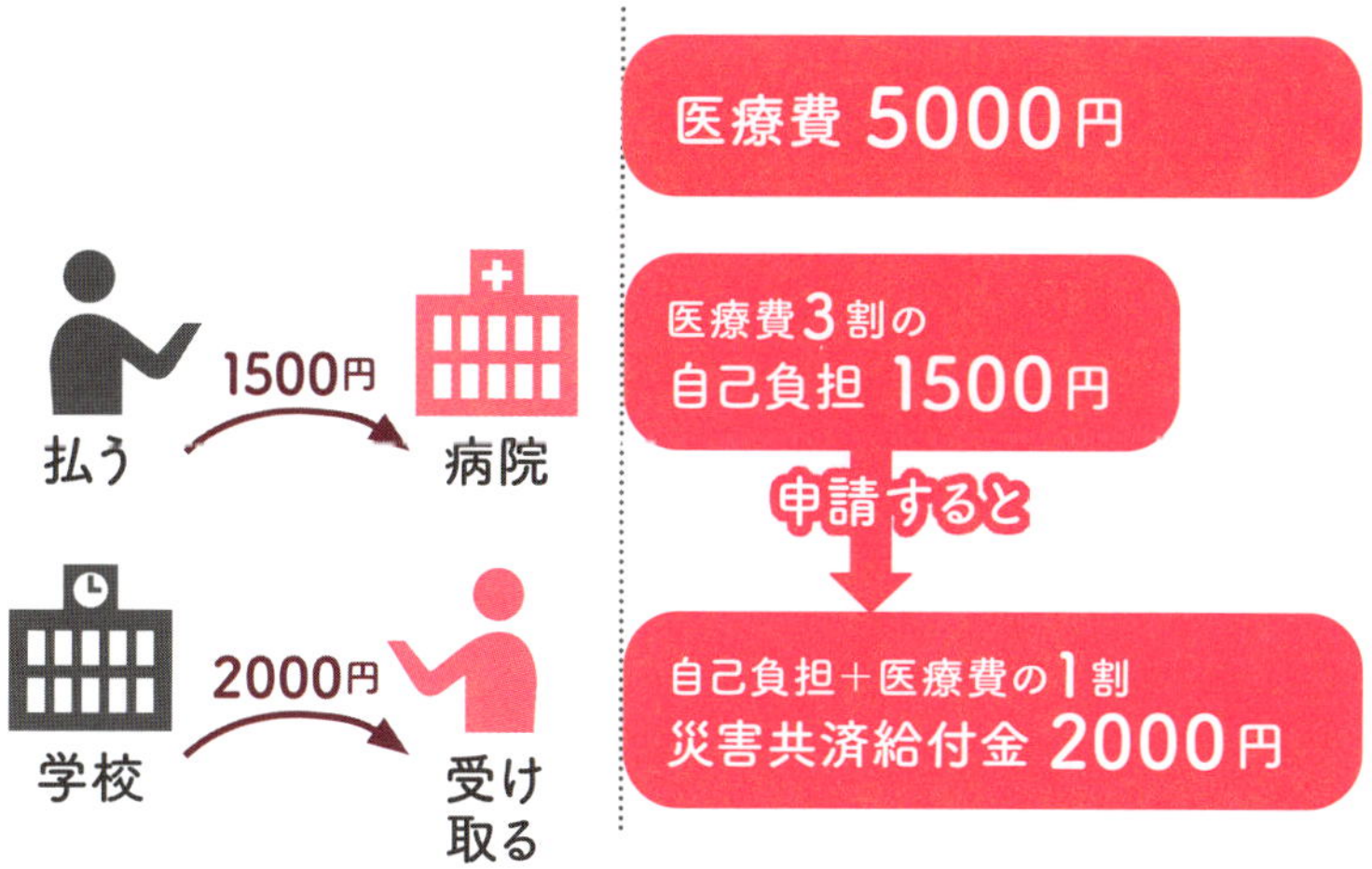

☑ 一家に1つ、「個人賠償責任保険」を

「もしも、うちの子がお友達にケガをさせたらどうしよう」「自転車に乗っていて人にケガをさせたらどうしよう」。

そんな不安から、「個人賠償責任保険」に加入している人は多いことでしょう。

個人賠償責任保険（日常生活賠償責任保険）は、私生活の中で発生した、法律上の損害賠償責任を補う保険です。

簡単に説明すると、**人にケガをさせたときの医療費や、人のモノを壊したときの弁償費用をカバー**してくれる保険です（仕事中の事故や自動車事故は、個人賠償責任保険の対象外）。

個人賠償責任保険は、火災保険、自動車保険、共済、自転車保険、傷害保険、クレジットカードなどに特約として付けるか、もしくはあらかじめセットになっている商品に加入します。

個人賠償責任保険は、1つの保険契約で家計を同じくする家族全員を補償する優れもの。「**一家に1つ、個人賠償責任保険**」と覚えておきましょう。

ただし、いろんな情報が集まるからこそ、陥りやすい落とし穴があります。

それが、「いっぱい入っていたほうが安心！」と、2つも3つも重複加入してしまうこと。

また、火災保険や自動車保険に付けたことを知らずに、さらに、共済や自転車保険に加入する人も少なくありません。

個人賠償責任保険で支払われる保険金は、実際の損害額が上限です。つまり、**たくさん入っていても、それぞれの保険から何重にも保険金を受け取ることはできません。**

加入している個人賠償責任保険の上限金額が「無制限」となっていれば、2つ目、3つ目の他の保険料は本当にムダなお金です。安心のつもりで行動したことが家計のムダな支出になってしまうのは悲しいですね。

複数加入していないかどうか、保険証券で確認しておきましょう。

そして、これから加入や見直しを行う際の注意ポイントは2つです。

まず、**保険金額は最低でも1億円以上**を選ぶこと。

その根拠は、小学生が起こした自転車事故で、約1億円の賠償判決例があるからです。無制限だとさらに安心ですね。

次に、**示談交渉サービス**を付けること。

保険会社によっては、「保険金は支払いますが、示談は個人で行ってください」というところもあります。

個人賠償責任保険を使うのは、私たちが加害者のとき。謝罪しながらお金の話をす

個人賠償責任保険と自転車保険

		個人賠償責任保険	自転車保険
自転車での事故	他人にケガをさせた	○	○
	他人のモノを壊してしまった	○	○
	自分がケガをした	×	○
日常生活での事故	他人にケガをさせた	○	△
	他人のモノを壊してしまった	○	△

※○は補償あり、△は商品により異なる、×は補償なし

るのは、精神的にかなりの苦痛を伴います。そんなときに示談交渉サービスがあれば、保険会社を頼れるから心強いですね。

最近は、自転車保険の加入を条例で定める自治体も増えてきましたが、正確にいうと、義務付けているのは自転車保険ではなく「個人賠償責任保険」です。

他人にケガをさせたときの補償が目的で自転車保険に加入するのなら、個人賠償責任保険で十分に賄えますよ。

パパの死亡保険は、ママが働くなら不要かも!?

「パパにもしものことが起こっても、残されたママと子どもが困らないように」と、○千万円の死亡保険に入っていませんか？　「もしものこと」を考えるとき、ついつい保険会社や共済の保障に意識が向きますが、私たちはすでに保険に加入していますよね？　そう、「社会保険」です。

保険を考える際はまず、①国の保険（国民年金・厚生年金保険）、次に②職場の保障（死亡退職金・遺児育英年金など）、最後に③自助努力として貯蓄や民間保険を検討します。

遺族年金は強い味方！

もしものときには、国から「遺族年金」を受け取ることができます。

遺族年金の種類と金額は、亡くなった人の働きかた（厚生年金保険か国民年金か）と性別、子どもの年齢と人数、**残された人の年収が850万円未満**かどうか、などによって変わります。167ページでもしものときに受け取れる遺族年金の種類を確認しておきましょう。

遺族基礎年金で受け取る金額は、妻（夫）

保障を考える順番は下から上へ

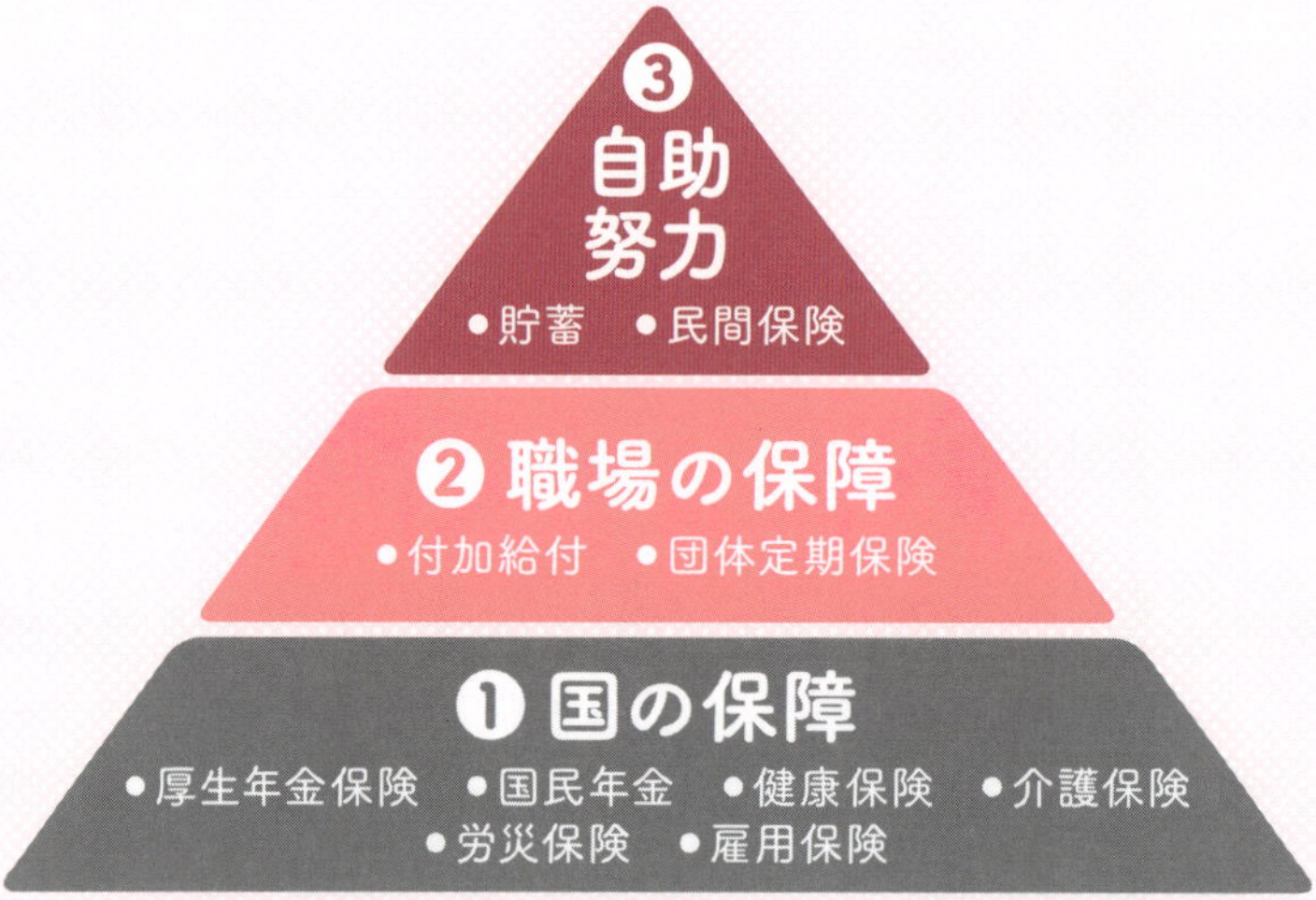

と子ども１人が残された場合は年間約１０５万円、子どもが2人いる妻（夫）は約１２９万円です。

一方で、会社員が亡くなった場合に受け取る遺族厚生年金の額は、亡くなった人が厚生年金に加入していた期間と収入によって変わります。私のところにいらっしゃる**子育て世帯の遺族厚生年金を参考にすると、パパが亡くなった場合で年間約40万円、ママが亡くなった場合で35万円前後です。なお、中高齢寡婦加算は定額の年間約61万円**です。

必要な死亡保険の金額は計算できる

１６９ページの図は、遺された家族の一生分の収支を図表化したものです。

子育て中の家族のもしものときの遺族年金を知っておこう

会社員男性が亡くなった場合

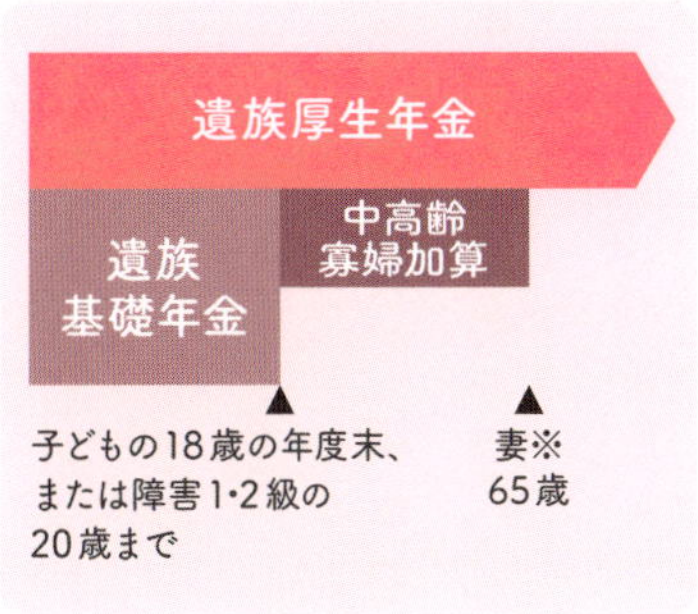

会社員女性が亡くなった場合

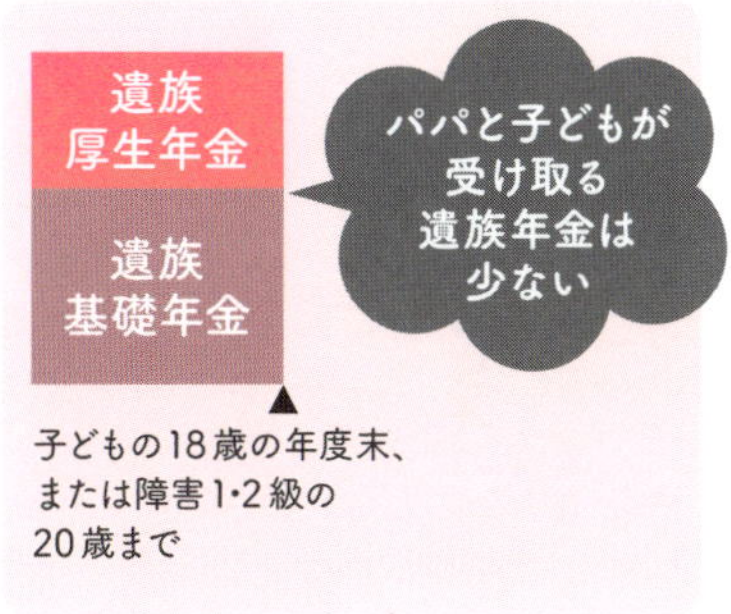

※遺族厚生年金を受け取る妻が、65歳になって自分の老齢厚生年金（第6章参照）を受け取る場合、老齢厚生年金が優先され、妻の老齢厚生年金額が遺族厚生年金額より少ないときに、差額分が遺族厚生年金から支給される

個人事業主が亡くなった場合

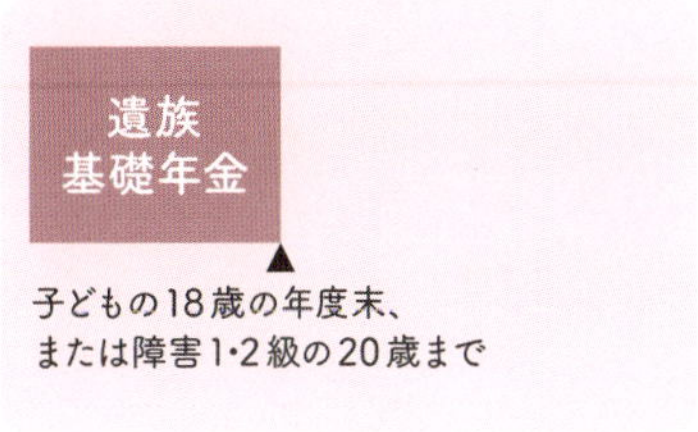

専業主婦（夫）が亡くなった場合

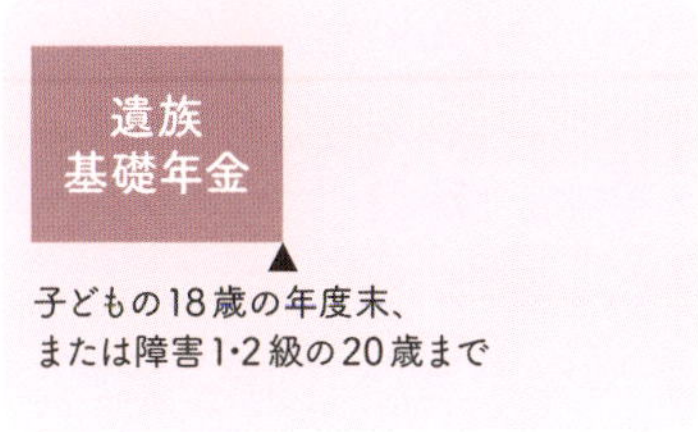

遺族年金の受給には、亡くなった人が保険料納付要件を満たしていることや、受け取る人が年収850万円未満などの一定の要件を満たし、請求することが必要です

左側はママが専業主婦で賃貸住宅に住み続ける場合、右側は住宅ローンを返済中のパパが亡くなり（団体信用生命保険に加入済み）、ママは会社員として働く場合です。**同じ家族構成でも、住まいや働きかたで死亡保険の必要性が変わる**ことをおわかりいただけるかと思います。

だからこそ、死亡保険を検討する際は、**「子どもが就職するまで&ママが90歳まで生きると仮定した場合の一生分の支出」と、「遺族年金を含めた一生分の収入」から考える**必要があります。

遺族厚生年金の金額は、「ねんきん定期便」を使えば自分で計算することができます。また、もしもの場合に死亡保険が必要かどうか、必要ならいくら必要なのか、ということも、もしもの未来を具体的に想像することで計算できます。

詳しく知りたい人は、拙著『本気で家計を変えたいあなたへ　～書き込む〝お金のワークブック〟～』（日経BP／日本経済新聞出版）の最新刊のワークシートに書き込んでみてください。

最近は、共働き世帯や夫婦で住宅ローンを組む家庭が増え、パパよりもママに死亡保険が必要なケースが増えています。

夫婦それぞれに確認して、安心できる保障を整えておきましょう。

パパのもしものとき、ママの収入とその後の住居費で保険の必要性が変わる

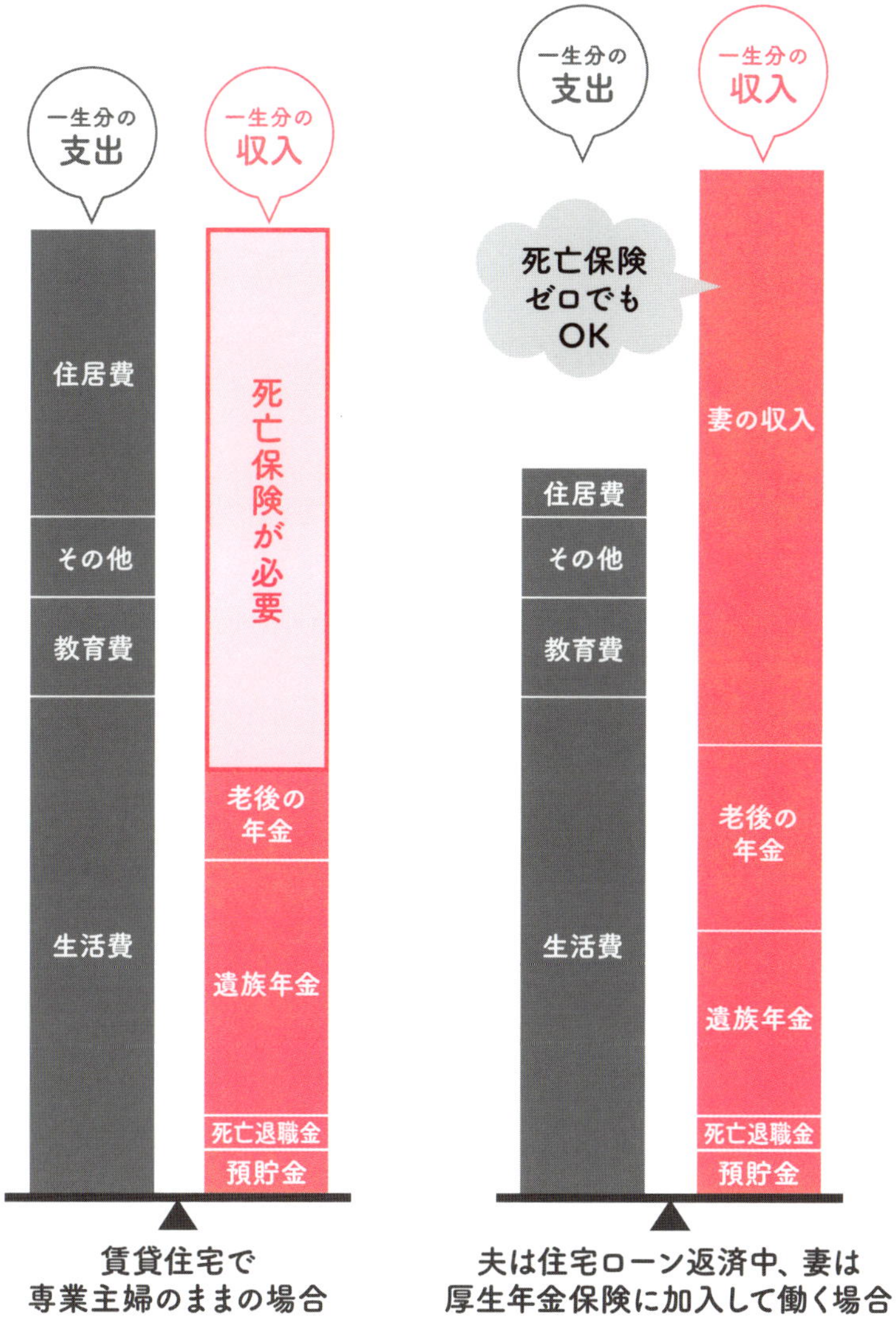

「医療保険に入らなきゃ！」の前に自己負担額を知っておこう

「この保険って高いですか？ 安いですか？」「この保険って良いですか？ 悪いですか？」

保険のご相談にいらっしゃる方のよくある質問が、この2つです。

良い保険に安く入りたいという気持ちはわかりますが、保険の加入ありきで考えていませんか？

一番大切なことは、「保険がいるか、いらないか」です。

保険が必要なら、保険料が高くても加入する必要がありますし、不要なら、どんなに保険料が安くても加入しないほうが、教育費や貯蓄にあてるお金を増やすことができます。

保険を考える際は、まずは必要かどうか、必要ならいつまで、いくら必要なのかを考えましょう。

健康保険と障害年金を味方にしよう

もしも入院した場合、ひと月の医療費の自己負担の上限は、約9万円です。

左ページの傷病別の例を見ると、健康保険の対象となる治療を受ける限りは、約9万円あれば乗り切れることがわかるでしょう。

1日から月末までの1カ月間で医療費が

入院したときのひと月の自己負担額は?

入院時の自己負担額の例(目安年収約370万~770万円の場合)

大 ← 医療費 → 小

例	医療費	3割の自己負担	高額療養費適用後の自己負担額
急性虫垂炎で8日間入院	60万円	18万円	8万3430円
乳がんで15日間入院	79万円	24万円	8万5330円
胃がんで22日間入院	100万円	30万円	8万7430円

入院したときの医療費のひと月の自己負担は、だいたい9万円!

※出典:公益社団法人全日本病院協会「『医療費』2022年度年間集計」

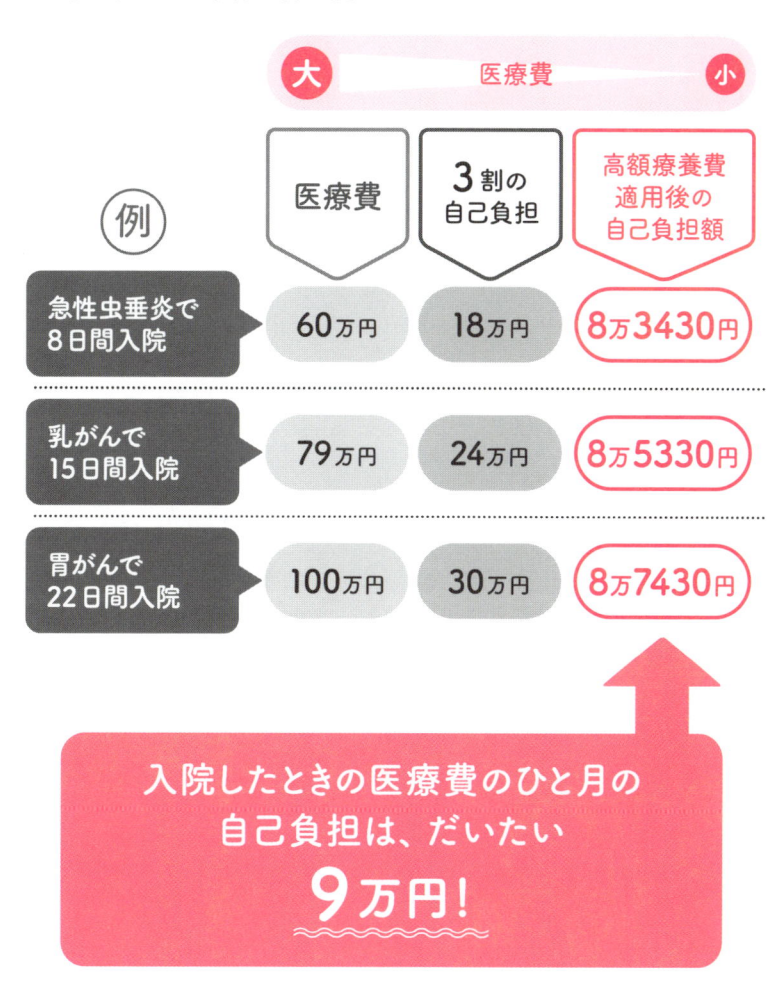

高額になった場合、一定金額を超える分を健康保険が「高額療養費」として負担します。

そのため、医療費の自己負担額は報酬月額（4月～6月の給料などの平均額）が27万～51・5万円未満の人で約9万円、報酬月額が27万円未満の場合は一律約6万円で済みます（住民税非課税世帯を除く）。

さらに、大企業などの健康保険組合によっては、高額療養費に上乗せする付加給付があり、自己負担が2・5万円や5万円までで済むところもあります。

次は、傷病手当金です。

「傷病手当金」は、勤務先の健康保険に加入して働く本人が、病気やケガで連続3日休み、4日目以降も働けず十分な給料が出ないときに、給料日額相当分の3分の2を受け取ることができる制度です。

傷病手当金は通算1年6カ月受け取ることができ、**障がいが残った場合は、誰もが障がいの程度に応じた障害年金を受け取る**ことができます。

私たちは、健康保険料と年金保険料を納めているのだから、使わないテはありません。

この本を読んで「医療保険に入らなくても大丈夫かな？」「入りすぎかな？」と思った人は、一度頑張って見直しましょう。

働けない・障がいが残ったときの収入をカバーしてくれる制度

会社員や公務員、派遣社員などが長期間働けない・障がいが残った場合

個人事業主やパート&専業主婦（夫）が長期間働けない・障がいが残った場合

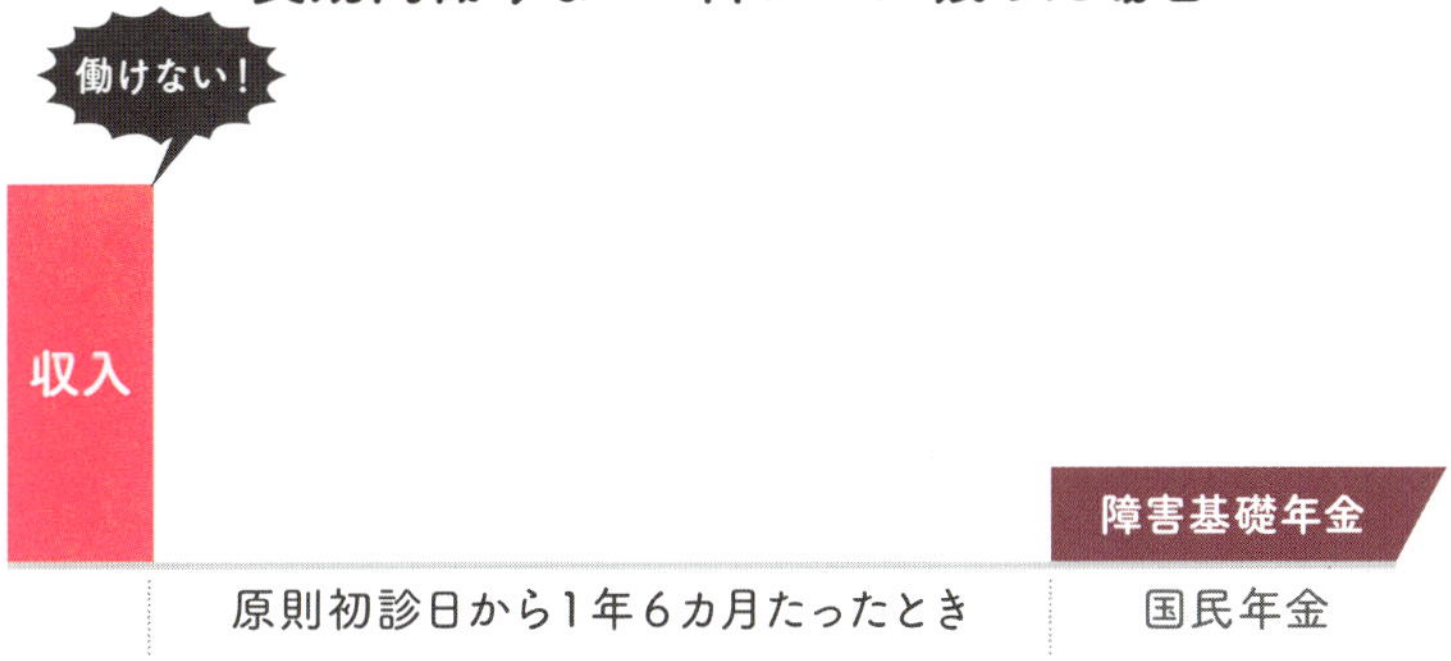

Chapter
5

子育て家庭の
住宅戦略

賃貸VS持ち家
住宅ローン

住まいのギモン。賃貸と購入、どっちがおトク？

マイホームの購入を考えて、私のところにご相談に来る方がたくさんいらっしゃいます。高い買い物だし、子どもの教育費の準備も必要だし、自分たちの老後資金も気になります。また、金利や住宅ローン控除などの税制、不動産価格の変化や勤務先の住宅手当事情など、自分たちでコントロールできない要因も考えなければなりません。

一方で、物件を探し始めると、「こっちの物件のほうが高いけれど、いざとなったら貸せそうだし、高い値段で売れるかも？」と違う視点から探す人や、「思っていたよりも家の値段が高いから、希望していた2人目の子どもは無理かも……」と、家か子どもかの二者択一に悩む人も出てきます。

マイホームは簡単に買い替えることができないし、長期間のローンを組むからこそ、ベストな選択をしたくなるのは当然です。また、持ち家派、賃貸派、悩み中（こだわりがない）の

賃貸？ 購入？ こんな視点でも考えてみて

購入派

● いざとなったらお金になる
➡「空き家問題」時代に本当に売れる？ 貸せる？

● 家賃はいくら払っても自分のものにならない
➡ 買えばメンテナンス費用も自分持ち

● 金利が低いうちに買った方がいい
➡ 長い人生、目先の金利だけで大丈夫？

● 子どもに残す財産になる
➡ 子どもは将来、違う地域や海外に住むかも？

賃貸派

● 家を持ったら亡くなった後の処分が大変
➡ 年金生活になったときの家賃の準備は大丈夫？

● 気軽に住み替えができるのが賃貸の良さ
➡ 困ったときに頼れるご近所さんはいる？

方など、夫婦でもそれぞれの考えがあります。
そこで、ご相談者のよくある視点と確認ポイントを前ページの図にまとめました。大切なマイホームだからこそ、一度立ち止まって考えてみませんか？

「賃貸VS購入、どっちがトクか」という答えをお金の面から比較するのは、実は簡単です。「賃貸」なら家賃と更新料、住み替えの有無や火災保険料などの条件を具体的にします。「購入」なら物件価格と自己資金やローンの金利負担と諸費用、火災保険料と毎年の固定資産税、給湯器や水回りなどのリフォーム費用を仮定します。さらに、戸建てなら外壁や屋根のメンテナンス費用を、マンションなら管理費・修繕積立金・駐車場代などの前提条件を数字に落とし込めば、住居費の総額シミュレーションはできるからです。

でも、**住まいに関する価値観や満足度は、数字にすることはできません。**
だからこそ、ソン・トク論よりも「どんな生活をすることが幸せなのか」ということを家族で話し合ってみてください。賃貸でも購入でも、それが家族の幸せ住まいプランになるはずです。

賃貸と購入のおトク度は、比較条件次第!!

次のページの図は、35歳から99歳までの65年間の総住居費を比較したものです。現実では、立地条件や広さ、築年数によって金額が変わりますが、ここでは物件金額のみをもとに比較しました。

3500万円の物件を買う場合の65年間の総住居費の総額で比較すると、**家賃9万円を払うのなら一戸建てを買ったほうが安く、家賃10万円を払うのなら、マンションを買ったほうが安い**ということになりました。

また、5000万円の物件でも比較しました。すると、**家賃12万円なら5000万円の一戸建てを買ったほうが安くなり、家賃14万円なら5000万円のマンションとほぼ同じになりました。**

このように「**賃貸VS持ち家、どっちがおトク?**」の答えは、「**前提条件によって変わる**」から**こそ、あなたが家に求める価値観を大事に**してくださいね。

36～99歳の住居費総額の比較 3500万円の物件

《試算条件》

物件価格	諸費用	住宅ローン
3500万円（マンション・一戸建てともに同じ金額）	175万円（物件価格の5%）	3150万円、35年返済（団体信用生命保険付き）2%固定金利

マンションの維持管理費	マンションのリフォーム費用	一戸建ての維持管理費	一戸建てのリフォーム費用
管理費＆修繕積立金2万円（月額）、固定資産税10万円（年額）	300万円	固定資産税15万円（年額）	700万円

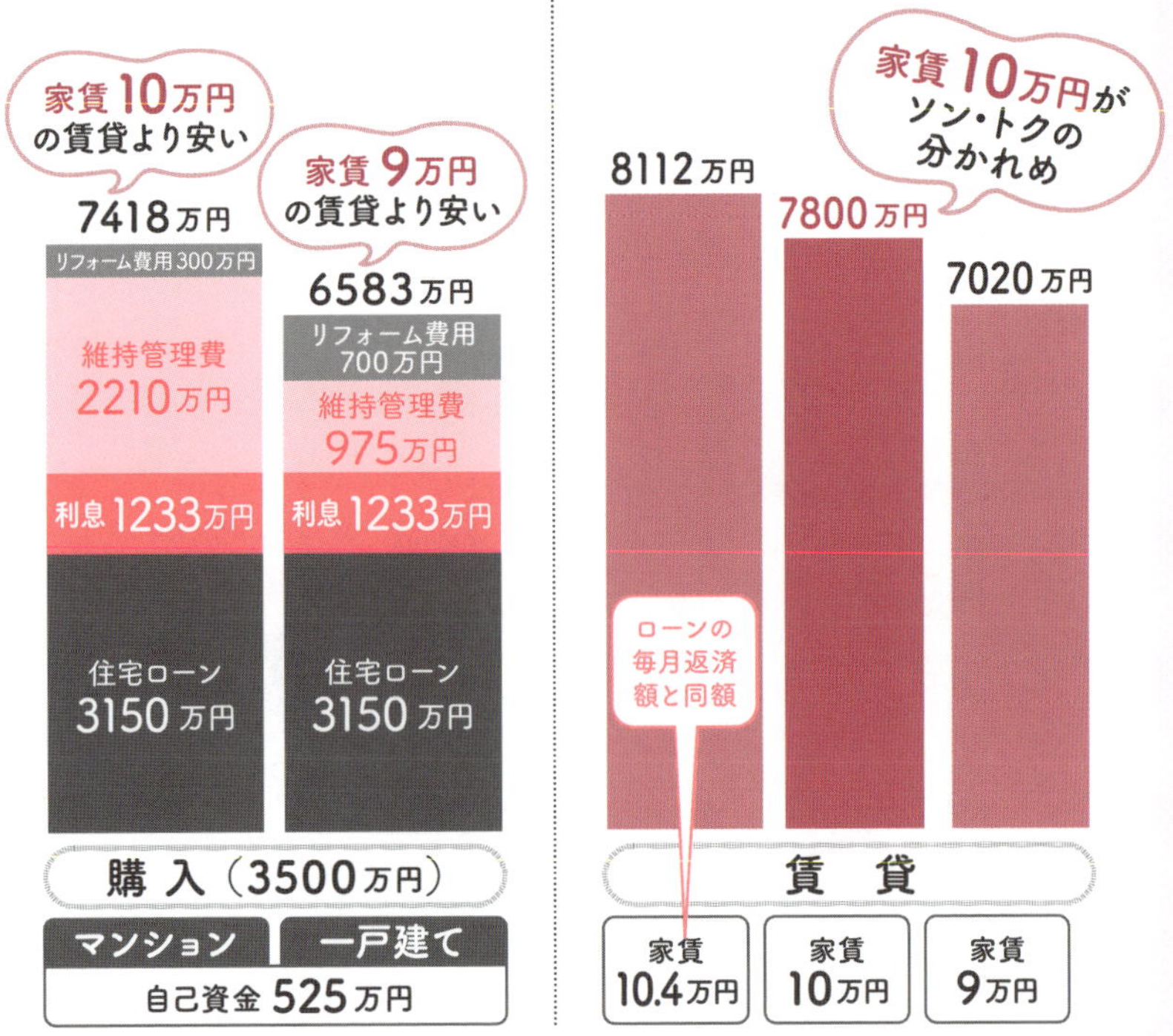

※試算条件によって損益分岐点は変わる

36〜99歳の住居費総額の比較 5000万円の物件

《試算条件》

物件価格	諸費用	住宅ローン
5000万円（マンション・一戸建てともに同じ金額）	250万円（物件価格の5%）	4500万円、35年返済（団体信用生命保険付き）2%固定金利

マンションの維持管理費	マンションのリフォーム費用	一戸建ての維持管理費	一戸建てのリフォーム費用
管理費&修繕積立金3万円（月額）、固定資産税20万円（年額）	300万円	固定資産税20万円（年額）	700万円

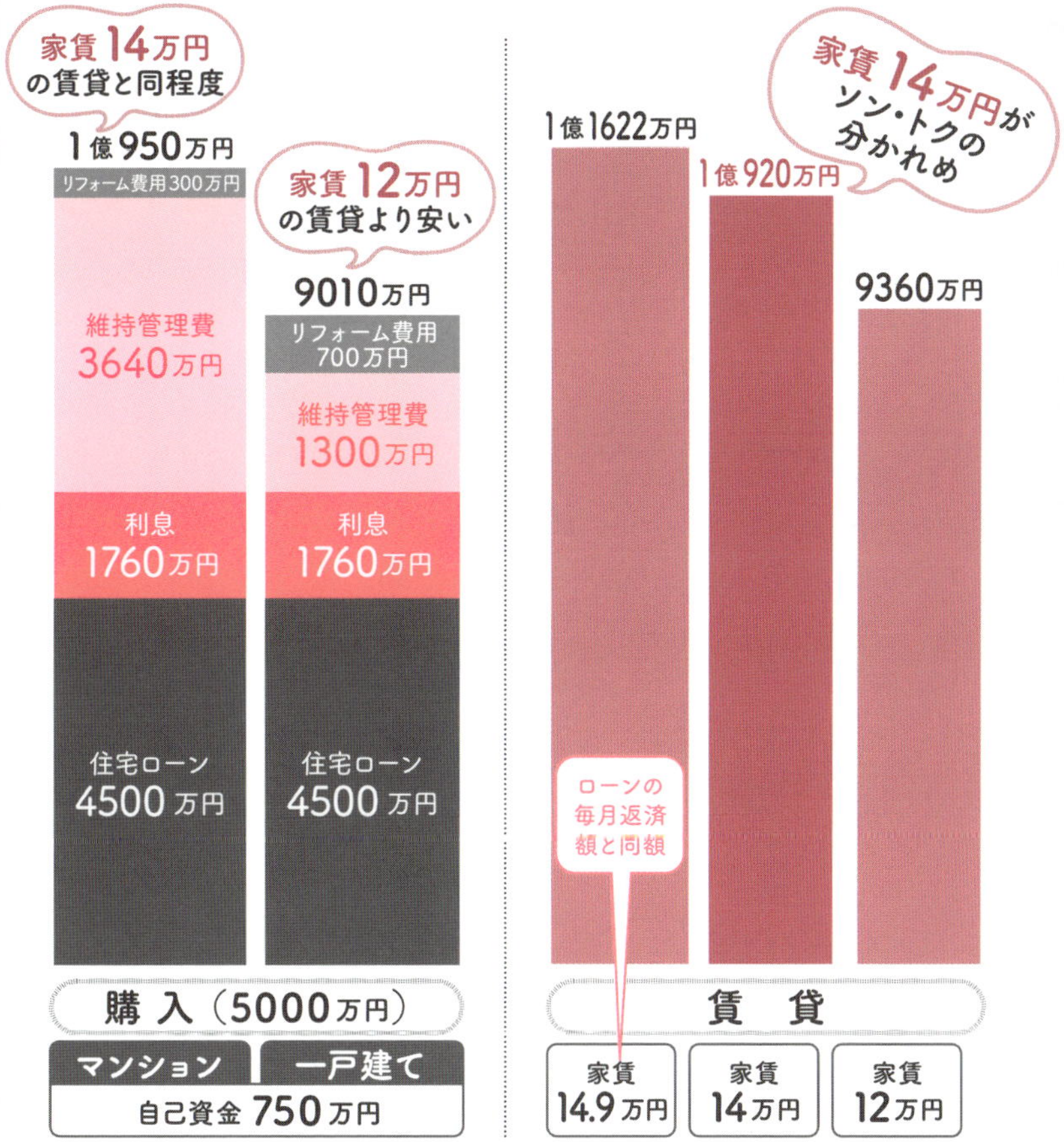

※試算条件によって損益分岐点は変わる

共働き夫婦の住宅ローン。1人で借りる？　夫婦で借りる？

子どもを転校させないために、「子どもが小学校に入る前までにマイホーム」を目指すご夫婦は多いようです。人気物件や中古物件の場合は、早く決断しなければならないことが多くなりますが、大切なマイホームだからこそ、計画的に行動していきましょう。

さて、**共働き夫婦の住宅ローンの組みかたには、3つの方法があります。**

1つ目は、**「夫婦のどちらか1人が住宅ローンを借りる」**です。

例えば夫だけが住宅ローンを借りて、妻は借りないパターンです。

住宅ローンの上限金額は、1人分の収入に応じた額となるため、次にご説明するペアローンや収入合算よりも少なくなります。一方で、1人分の収入で返せる額だけを借りるから、共働き世帯においては家計のゆとりが生まれます。

夫婦でのローンの借り方3パターン

	単独ローン	ペアローン	収入合算	
	どちらか1人だけがローンを借りる（下記の例は夫だけが借り入れした場合）	夫婦それぞれが別々の住宅ローンを借りる	夫婦の収入を合算して1つのローンを組む	
借入可能額	1人分の収入に応じた借り入れが可能	それぞれの収入に応じた借り入れが可能	メーンの収入者（例/夫）の収入に、家族の収入（例/妻）を合わせた借り入れが可能。ただし、収入合算者（例/妻）の年収を組み込む割合は金融機関により異なる	
			連帯債務者パターン	連帯保証人パターン
夫	ローン契約者（債務者）	ローン契約者（債務者であり、妻の連帯保証人※）	ローン契約者（債務者）	ローン契約者（債務者）
妻	―	ローン契約者（債務者であり、夫の連帯保証人※）	夫の連帯債務者※※	夫の連帯保証人※
住宅ローン控除の利用	夫/可能 妻/―	夫/可能 妻/可能	夫/可能 妻/可能 （ただし、利用額はそれぞれの持ち分に応じて決まる）	夫/可能 妻/利用不可
団体信用生命保険の加入	夫/加入 妻/―	夫婦それぞれが加入	通常は契約者（夫）のみが加入	夫／可能 妻／加入不可
注意点	ペアローンや収入合算に比べると借入可能額が低くなる	夫婦それぞれがローン契約を結ぶので、融資コストが割高になる	通常の団体信用生命保険の場合は、妻が亡くなっても夫に返済責任が残る（デュエットは除く）	妻は住宅ローン控除が使えない

※連帯保証人は、ローンを借りた人が返済できなくなった場合に返済義務が発生し、主に金融機関独自のローンで利用される。
※※連帯債務者は、夫婦が互いにローン全額の返済責任を持ち、主にペアローンやフラット35の収入合算で利用される

また、夫が団体信用生命保険付きの住宅ローンを借りている間に亡くなった場合は（高度障がい状態などを含む）、住宅ローンの残りは団体信用生命保険で完済するため、妻は残ったローンの返済をすることなく、住み続けることができます。

2つ目は、**夫婦それぞれが住宅ローンを借りる「ペアローン」**です。

夫と妻が同じ金融機関から、それぞれに合計2つの住宅ローンを借りる方法です。夫だけがローンを組むよりも借入金額が増え、1人では購入が難しい高めの物件でも手に入れることができます。夫婦で2つのローンを組むので、その分の諸費用はかかりますが、**夫は長期の固定金利、妻は短期間の変動金利、というような組み合わせも可能**です。

それぞれに団体信用生命保険に加入するので、**もしも1人が亡くなったときは、残されたほうは自分の住宅ローンだけを返済します。**最近はペアローンを組む人の増加により、夫婦のどちらかが死亡すると、残された方のローンもなくなる団体信用生命保険を導入する金融機関が増えています。

ペアローンでは、**住宅ローン控除もそれぞれに利用できる**点も魅力です。

3つ目は、**夫婦の収入を合計して1つの住宅ローンを借りる「収入合算」**です。収入合算には、金融機関によって連帯債務者になるパターンと連帯保証人になるパターンがあります。

収入合算は、夫1人の収入では希望する金額の住宅ローンを借りることが難しいときに、**夫婦2人の年収で住宅ローンの返済能力を金融機関に審査してもらい、希望の金額を借りる方法**です。

ただし、仮に夫の年収が500万円、妻の年収が300万円という場合、必ずしも2人で年収800万円とはなりません。メーンとなる人の収入にサブの人の収入を組み込む割合は、金融機関が独自に決めています。例えば、「サブ収入の加算は半分まで」という規定がある場合は、妻の年収は150万円で合算するため、夫婦で合計年収650万円として借入金額が決まります。

収入合算では、夫1人の収入よりは多くの借り入れをすることができますが、**もしも、妻が仕事をやめた場合や離婚した場合でも、夫はそのローンを返し続けなければなりません。**ローンの借りすぎには気をつけましょう。

妊娠・産休&育休中の住宅ローンは難しいことも

妊娠や出産は病気ではありませんが、団体信用生命保険（団信）に加入できないこともあります。この場合、団信が必須となる金融機関では借り入れできないため、**団信の加入が任意となるフラット35**を利用します。ただし、ローンは借りられても、もしものときは遺族にローンの返済義務が残ります。借入金額を抑えるか、現在加入している死亡保険でローン残高を賄えるかを確認しておきましょう。

また、産休&育休中の住宅ローンは、本当に職場復帰して安定収入が得られるかが不確実なため、借り入れが難しくなることがあります。

金融機関によっては、単独での借り入れができないところや、産休前よりも少なく見積もった収入での借入金額になることもあります。一方で、収入合算や職場から復帰後の予測収入の証明書の提出をしたり、復帰予定時期が近い場合などは、借り入れができる金融機関もあります。**産休・育休中のローンは早めに金融機関に相談**しましょう。

妊娠中・産休&育休中の住宅ローンの取り扱いは、金融機関によって違う

借りられる

条件付きで借りられる

借りられない

↓

復帰後の予測収入証明書を出せばOK

フルタイム勤務時の収入よりも割り引かれた収入見込みで金額決定

復帰が近いならOK

単独での借り入れは×。でも、夫との収入合算ならOK

子育て世帯は、住宅ローンの優遇プランがあることも

35年間、固定金利で借りられるフラット35の中には、子どもの人数や住宅の性能などに応じて金利が引き下げられる「子育てプラス」というローンがあります。子ども1人の場合は一般金利から当初5年間、年0・25％、子ども2人の場合は0・5％下がります（フラット35子育てプラスは予算に達すると終了します）。

金融機関の中には、子どもがいれば金利優遇が受けられるところ、また、借り入れ後に産休や育休に入った場合は元金据え置きで金利だけ返済すればよいところ、借り入れ後にも子どもが生まれたら金利の引き下げがあるところ、その他、独自サービスを用意しているところもあります。また、自治体によっては利子補給制度や補助金を実施しているところもあります。

長いつきあいが生まれることを期待して、金融機関も子育て世帯向けに特典を付けた住宅ローンプランを打ち出していますから、アンテナを立てておきましょう。

子育て優遇住宅ローンの例

- 金利の優遇
- 借り入れ後に子どもが生まれたら金利優遇
- 自治体の利子補給制度
- 家事代行サービス
- 病児保育サービス
- 自治体の補助金
- 買い物割引サービス
- 産休・育休中は利息のみ返済

住宅登記の注意点　夫婦の間で贈与税が発生することも

子どもが生まれたとき、戸籍にその名前を載せたように、不動産にも法律上の戸籍があります。それが「登記」です。

「この家は私のものです」という家の名義は、お金を出した人の名前になります。**夫婦でお金を出し合った場合は共有名義とし、それぞれお金を出し合った割合に応じて届け出ます**（**登記**）。登記は家の引き渡しの際に司法書士が行いますが、事前に正しい持ち分を伝えておきましょう。

例えば、4000万円の家を買うとします。

頭金ゼロ円で、夫も妻も2000万円ずつのローンを組むのなら、持ち分は10分の5ずつです。もしも、夫のローンが3600万円で、妻のローンが400万円なら、夫の持ち分は10分の9、妻の持ち分は10分の1です。

また、妻が頭金1000万円を払い、残り3000万円のうち、夫のローンが2000万円、妻のローンが1000万円となった場合は、それぞれ2000万円ずつ負担しているので、持ち分は10分の5ずつと登記します。

ときどき、「頭金は私の貯蓄から出したけれど、家の名義はすべて夫に」と不動産は男性の名義にするものと思い込んでいる方や、「家は2人のものでしょ?」と頭金もローンも負担していないけれど、夫婦平等ということで、当然のように半分は自分のモノになると思っている方がいらっしゃいます(ちなみに、女性が多いです……)。

でも、頭金もローンも負担していないのに、相手が負担した現金やローンの分まで自分名義で登記すると、**夫婦の間でも贈与になり、その金額によっては贈与税が発生します。**前半の事例は妻から夫への贈与、後半の事例は夫から妻への贈与となり、納税の可能性が出てくるので要注意です。

贈与税は、贈与を受けたほうが税金を納めます。無用な税金を支払わないためにも、そして、もしもの離婚のときに家の持ち分でもめないためにも、出したお金とそれぞれの名義の住宅ローンの割合に応じて、正しく登記をしておきましょう。

繰り上げ返済は、低金利でも頑張るべき？ それとも住宅ローン控除を優先するべき？

「住宅ローンの繰り上げ返済をするのと、住宅ローン控除で減税を受けるのは、どっちがトクなの？」という疑問を感じたことはありませんか？

結論を一言でいうと、**カギを握るのは「控除率」と「金利」と「納税額」**です。

それでは、順を追って説明していきます。

「繰り上げ返済」とは、手元にあるお金で住宅ローンの元金を返済し、それにより、将来の利息負担を軽くする返済方法です。

繰り上げ返済には、早く返済を終えることができる「期間短縮型」（毎月返済額は変わらない）と、返済期間は変わらないけれど、毎月の返済額が少なくなる「返済額軽減型」の2種類があります。どちらも将来に支払う利息を節約する効果がありますが、「定年までに住宅ローンを終わらせたい」と、期間短縮型を利用する方が多いのが実態です。

繰り上げ返済は、**借り入れから早い時期に行った方が利息の軽減効果は高く、また短縮される期間も長いためおトク**です。また、まとまった金額を貯めてドーンと一気に返済するよりも、**早い時期からコツコツ返済するほうが、少しでも利息を節約することができて効果的**です。

ただし、**住宅ローンの金利によっては「繰り上げ返済は早い方がおトク」というルールが当てはまらない場合があります**。それが、住宅ローン控除の存在です。

「住宅ローン控除」とは、年末時点での住宅ローン残高の0・7%分の税金が、原則として最大13年間安くなる制度です（控除率と期間はマイホームの購入年や物件により異なります）。

つまり、残高が多いほど住宅ローン控除で減額される税金は多くなります。一方、繰り上げ返済で住宅ローン残高が減ってしまうと、住宅ローン控除の金額は少なくなり、安くなる税金も少なくなります。

そのため、「早く繰り上げ返済をしたほうが利息もたくさん浮くし、返済も早く終わるからおトクだけど、ローン残高が減ると、住宅ローン控除の減税額も減るから、結局どっちがトクなの？」という悩みが生まれるのです。

そこで、シミュレーションしてみました。

「まとめてドーン返済」がおトクになる条件

比べる条件は、**住宅ローン3000万円、返済期間35年、金利は1・5%と0・6%**の2種類です。単純化するために、13年間の金利は変動しないとします。この条件で、「繰り上げ返済をしない場合」と「13年間、毎年コツコツ約50万円（合計約650万円）を繰り上げ返済して利息の軽減効果は得たけれど、住宅ローン控除の恩恵は少なくなった場合」、そして「13年間の住宅ローン控除はすべて利用した後に一括で約650万円を繰り上げ返済した場合」という3パターンを比較しました。

すると、ローンの**金利が1・5%の場合は、まとめて繰り上げ返済するよりも、コツコツ繰り上げ返済したほうがおトク**になりました。

それに対して、**金利0・6%の住宅ローンの場合は、コツコツ繰り上げ返済するよりも、住宅ローン控除が終わった後に、13年間貯めてきた650万円をまとめて繰り上げ返済したほ**

3000万円を35年返済で借りた場合、住宅ローン控除（残高の0.7%）と繰り上げ返済はどっちを優先？

金利1.5%の場合

	繰り上げ返済による利息の軽減効果①	13年間の住宅ローン控除の減税合計額②	繰り上げ返済と住宅ローン控除を合計したおトク金額①+②
繰り上げ返済しない	0円	約228万円	約228万円
毎年約50万円を13年間（合計約650万円）繰り上げ返済	約290万円	約194万円	おトク 約484万円
13年後に約650万円を繰り上げ返済	約202万円	約228万円	約430万円

金利0.6%の場合

	繰り上げ返済による利息の軽減効果①	13年間の住宅ローン控除の減税合計額②	繰り上げ返済と住宅ローン控除を合計したおトク金額①+②
繰り上げ返済しない	0円	約223万円	約223万円
毎年約50万円を13年間（合計約650万円）繰り上げ返済	約105万円	約190万円	約295万円
13年後に約650万円を繰り上げ返済	約74万円	約223万円	おトク 約297万円

※借り入れの翌月を基点に繰り上げ返済を毎年行うものとして試算

うがおトクでした。

つまり、**住宅ローン控除の利率よりも低い金利の住宅ローンを借りている場合は、住宅ローン控除が終わってから、まとめてドーンと繰り上げ返済したほうがおトク**になります。

ただし、これにも条件があります。それは、**住宅ローン控除を所得税と住民税で全額利用できている人**であること。

住宅ローン控除はあくまでも納める税金から減額する制度であり、住宅ローン残高の0・7％がもらえる制度ではありません。そのため、**納税額が少なくて住宅ローン控除の減額分を全額利用できていない場合は、借入金額の一部に対する住宅ローン控除の減額は受けられず、その部分は丸々利息を払っていることになります。この場合は、繰り上げ返済を優先し**ましょう。

繰り上げ返済のシミュレーションは、金融機関のサイトでできますが、自分たちだけで判断するのが難しい場合は、ファイナンシャル・プランナーに相談してみてください。きっと、子どもの教育費や運用、老後資金の準備も踏まえたアドバイスが受けられますよ。

賃貸派こそ、計画的な老後資金の準備を

賃貸住宅では「給湯器が壊れた！」などのメンテナンス費用は、大家さんが負担します。購入派のようなリフォーム費用は必要ありませんが、その代わり、年金生活になっても家賃を払い続けることになります。

国の年金モデルプランとされる「夫は40年間会社員、妻はずっと専業主婦」の夫婦の年金額は、ひと月約23万円。ここから健康保険料と介護保険料、税金を納めると、手取りは約21万円です。

仮に、２ＤＫ／２ＬＤＫの全国平均家賃である６万円の家に住むとしたら、残りは15万円です。この額で生活しながら、旅行代や電化製品の買い替え費用が賄えるなら問題ありません。でも、足りないと思うなら、早くから老後の蓄えをしておく必要があります。

賃貸派の人こそ、年金の繰り下げや長期投資で計画的な老後資金の準備を始めましょう。

Chapter

6

子どもに
迷惑をかけない
老後をつくる

老後の年金
iDeCo

老後の年金は、いくらくらいもらえるの？ 年金額の目安を知ろう！

50年前の定年は55歳。国の年金は女性55歳、男性60歳から受け取ることができ、65歳時点の平均余命は男性約14年、女性は約17年という時代でした。

それが今は定年65歳時代に入り、65歳時点の平均余命は男性19年、女性24年に延びました。

また、人生１００年時代に向けて、長く働きたい人の受け入れ体制や年金を増やす制度も充実してきました。この機会に、老後不安を取り除きませんか？

老後の収入で頼りになるのは、原則65歳から一生受け取ることができる国の年金です。**年金額は、現役時代の働き方や収入によって決まります。**

そこで、夫が会社員と個人事業主の場合の年金目安額、そして、妻の年収別に4パターンの年金目安額を試算しました（いずれも、20～60歳の40年間、年金保険料をすべて納めているとします）。

老後の年金、夫婦で年いくら？

夫 会社員（年収520万円） 約196万円

＋		=	
夫 会社員（年収520万円） 約196万円	専業妻の年金 約82万円	=	278万円（月額23.2万円）
	年収約100万円の妻の年金 約82万円	=	278万円（月額23.2万円）
	年収約240万円の妻の年金 約135万円	=	331万円（月額27.6万円）
	年収約400万円の妻の年金 約170万円	=	366万円（月額30.5万円）

＋ 年下の妻なら妻が65歳になるまでの間 約41万円（月額3・4万円）

＋		=	
夫 個人事業主 約82万円	専業妻の年金 約82万円	=	164万円（月額13.7万円）
	年収約100万円の妻の年金 約82万円	=	164万円（月額13.7万円）
	年収約240万円の妻の年金 約135万円	=	217万円（月額18.1万円）
	年収約400万円の妻の年金 約170万円	=	252万円（月額21万円）

※ここでいう「年収」は生涯平均年収を指す

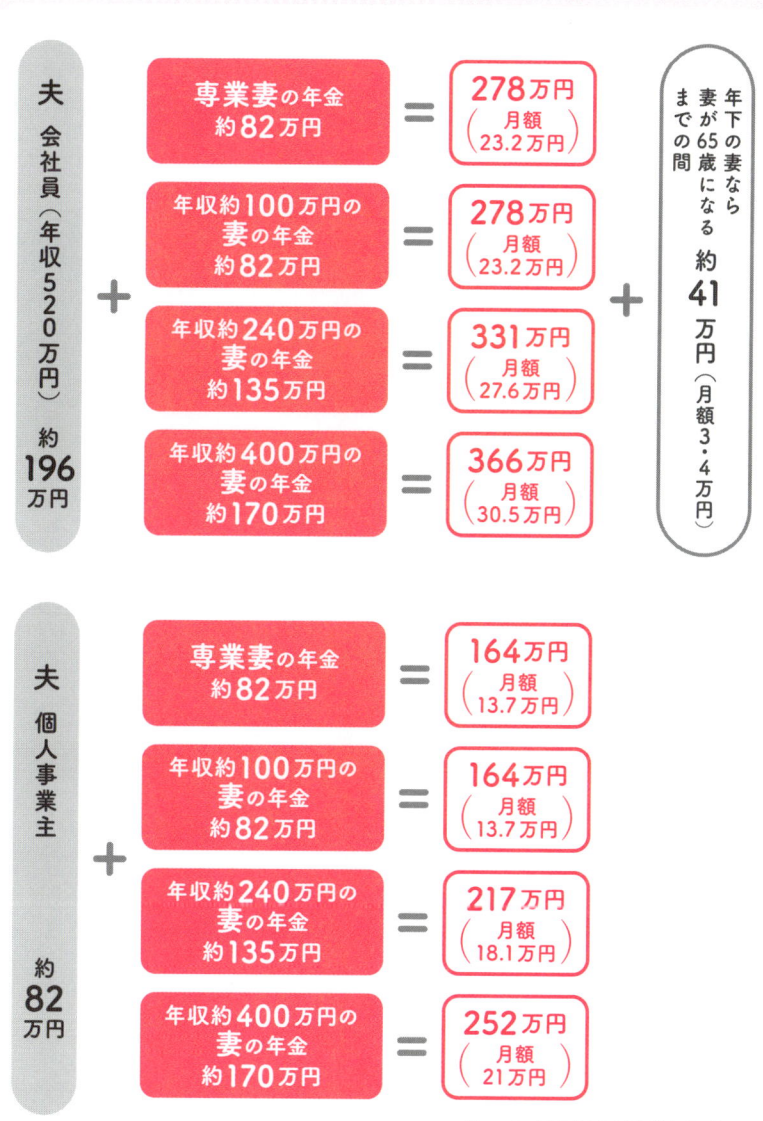

●専業&年収100万円の妻

年間約82万円を老齢基礎年金として受け取ります。なお、過去に会社員や公務員として1カ月以上勤めていた人は、その期間分の老齢厚生年金を65歳から受け取ることができます。その金額はねんきん定期便で確認しましょう。

●平均年収240万円の妻

生涯平均年収240万円でトータル40年間働く場合は、年間約53万円の老齢厚生年金を受け取ることができます。これに年間約82万円の老齢基礎年金があるので、合計約135万円が老後の年金額です。

●平均年収400万円の妻

生涯平均年収400万円で40年間働く場合は、年間約88万円の老齢厚生年金を受け取ることができます。これに年間約82万円の老齢基礎年金があるので、合計約170万円が老後の年金額です。

年収520万円の会社員夫

生涯平均年収520万円で40年間働く場合は、年間約114万円の老齢厚生年金を受け取ることができます。これに年間約82万円の老齢基礎年金を合計すると、約196万円が老後の年金額です。

さらに、厚生年金保険に加入して20年以上働いた夫に年収850万円未満の年下の妻がいる場合は、夫が65歳の老齢厚生年金保険を受け取り始めてから年下の妻が65歳になるまでの間、年間約41万円の「加給年金」を受け取ることができます（男女逆もあり）。年金の家族手当のようなもので、年齢差のある夫婦はちょっとおトクですね。

また、18歳未満の子どもがいる場合は、1人あたり年間約23万円も受け取れます。

個人事業主の夫

40年間、国民年金第1号被保険者として国民年金保険料を納めた人は、国民年金から年間約82万円を老齢基礎年金として受け取ります。なお、起業する前に会社員や公務員として1カ月以上勤めていた人は、その期間分の老齢厚生年金も65歳から受け取ることができます。

その金額はねんきん定期便で確認できます。

50代になると、ねんきん定期便に今の年収で60歳まで働き続けた場合の目安額が載っています。40代までの人は、日本年金機構の「ねんきんネット」や「公的年金シミュレーター」を使って早めに老後の年金目安額を確認しておきましょう。

なお、老後の年金も社会保険や税金の対象になります。**65歳から年金を受け取る場合は、「ざっくり9割」が手取り金額の目安**と考えましょう。

子育て世帯の老後のカギは、お金を使う順番

老後の年金は原則65歳から請求できますが、受け取りを1カ月繰り下げる（遅らせる）と0.7％増えます。**70歳から受け取ると65歳で受け取る年金額の1.42倍、75歳から受け取ると1.84倍に増えた年金額を一生受け取る**ことができるのです。

例えば、70歳まで繰り下げた年金で老後の生活費が賄えるなら、老後資金のめどが立ちま

すね。

そこで意識してほしいのが、「お金を使う順番」です。

教育費が足りない場合は、奨学金や教育ローンがあります。家を買うときなら住宅ローン、車を買うときにはカーローンがあります。

でも、老後ローンはありますか?

そう、**老後ローンはないのです。**

子どもの教育費にお金をかけた結果、あなた自身の老後の生活が立ちいかなくなってしまったら、「子どもに仕送りをお願いする」ということにもなりかねません。

「子どもに迷惑をかけたくない」という想いは、どの親御さんも同じです。それなら重要なのは、誰もお金を借してくれない老後の準備です。

これからの時代、子どもの大学費用は**まずは奨学金を借りておき、自分たちの老後資金のメドがたったら、子どもが借りた奨学金を親が返済するという順番になるのかもしれません。**

誰もが使える！　自由度も高い！「iDeCo」はおトクな老後資金の準備制度

「iDeCo」は、「個人型確定拠出年金」のニックネームです。名前の通り、個人が毎月決まった金額を、老後の年金のために積み立てます。60歳まで引き出すことができない代わりに、**積み立てている間は所得控除による減税**があり、**運用中は非課税**、**受け取るときにも税制優遇**があり、税金面で大きなメリットがあるのもiDeCoの特徴です。

iDeCoの掛け金の上限は、働きかたや勤務先の制度によって決まります。ひと月5000円以上1000円単位で積み立てて、1年に1度、掛け金の金額の変更もできます。**受け取りは60歳から75歳の間に請求**すればよく、一時金か年金か、両方を組み合わせるのかといった受け取りかたもそのときの家計の状況で選ぶことができます。

老後資金の準備制度が**保育料や高校授業料無償化にも影響力**を持ち、**運用や受け取りかたの自由度も高い**からこそ、老後が遠い子育て世帯にも向いている制度だといえます。

iDeCoのしくみ

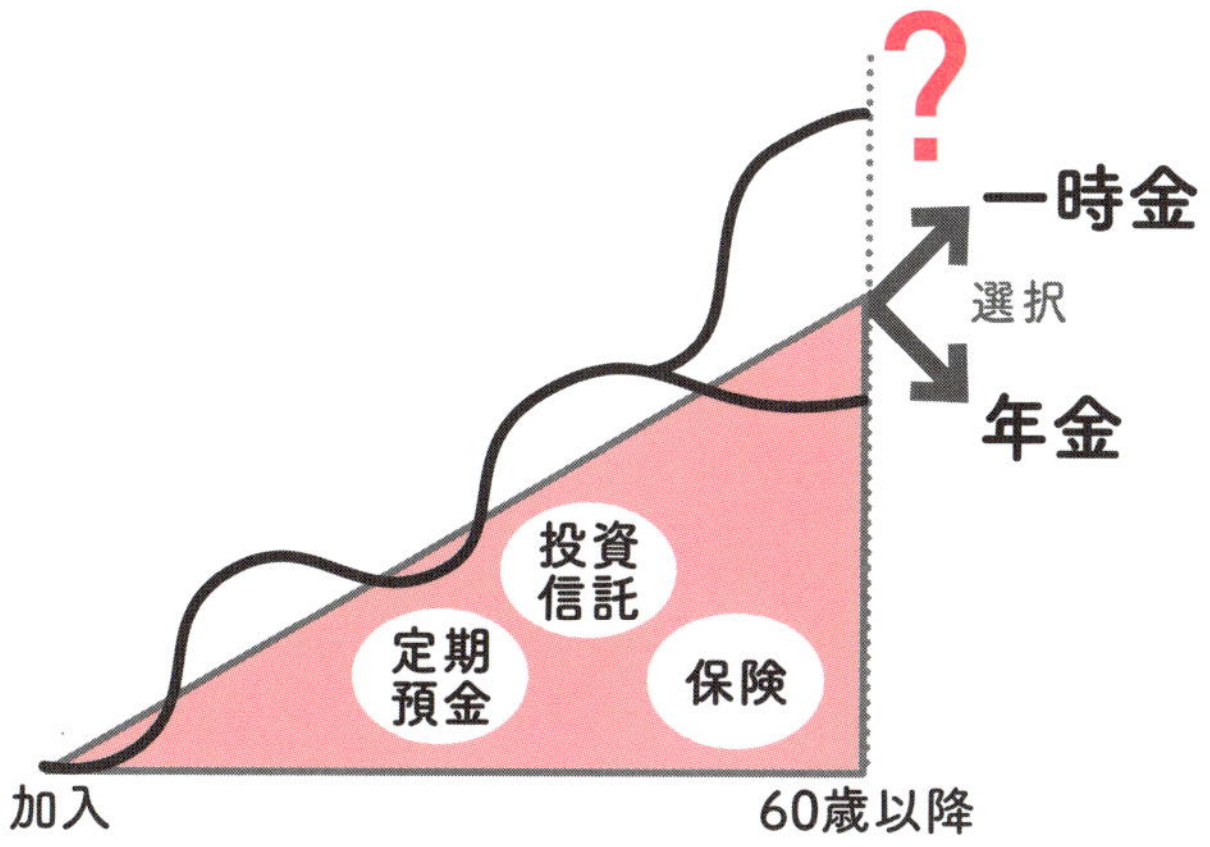

iDeCoのひと月の掛け金の上限

個人事業主	6万8000円
企業年金※のない会社員	2万3000円
企業年金がある会社員・公務員	最大2万円※※ 5万5000円 ―（他の制度の掛け金額 ― 企業型確定拠出年金の掛け金額）
専業主婦（夫）	2万3000円

※企業年金とは、確定給付企業年金（DB）・企業型確定拠出年金（DC/401 k）・厚生年金基金が該当
※※ 2024 年 12 月から

運用期間が長い子育て世帯は、投資信託がオススメ。でも、定期預金でもメリットがあるのがｉＤｅＣｏの魅力

ｉＤｅＣｏでは、元本が確保されている定期預金と、投資のプロが株式や債券などで運用する投資信託の中から、**好きな商品を選んで運用**します。投資のリスクを下げる方法は、84～91ページでご紹介しましたが、それでも、投資に不安がある人もいるでしょう。

実はｉＤｅＣｏは、定期預金の運用でもメリットがあるんです。

毎月２万円を定期預金で30年間積み立てたら、いくらの利息がつくと思いますか？

定期預金の金利が０・１％とした場合、利息から約20％の税金が差し引かれるため、この金利が30年間続くとすると、利息総額は約８万７０００円です。

では、ｉＤｅＣｏで同じ金利の定期預金を積み立てたらどうなるでしょう。運用益は非課税ですから、約10万９０００円になり、約２万２０００円多く受け取れます。

さらに、ｉＤｅＣｏを利用して積み立てる場合は、年末調整や確定申告で所得控除が使える

毎月2万円、老後資金目的なら どうやって貯めるのがオトク？

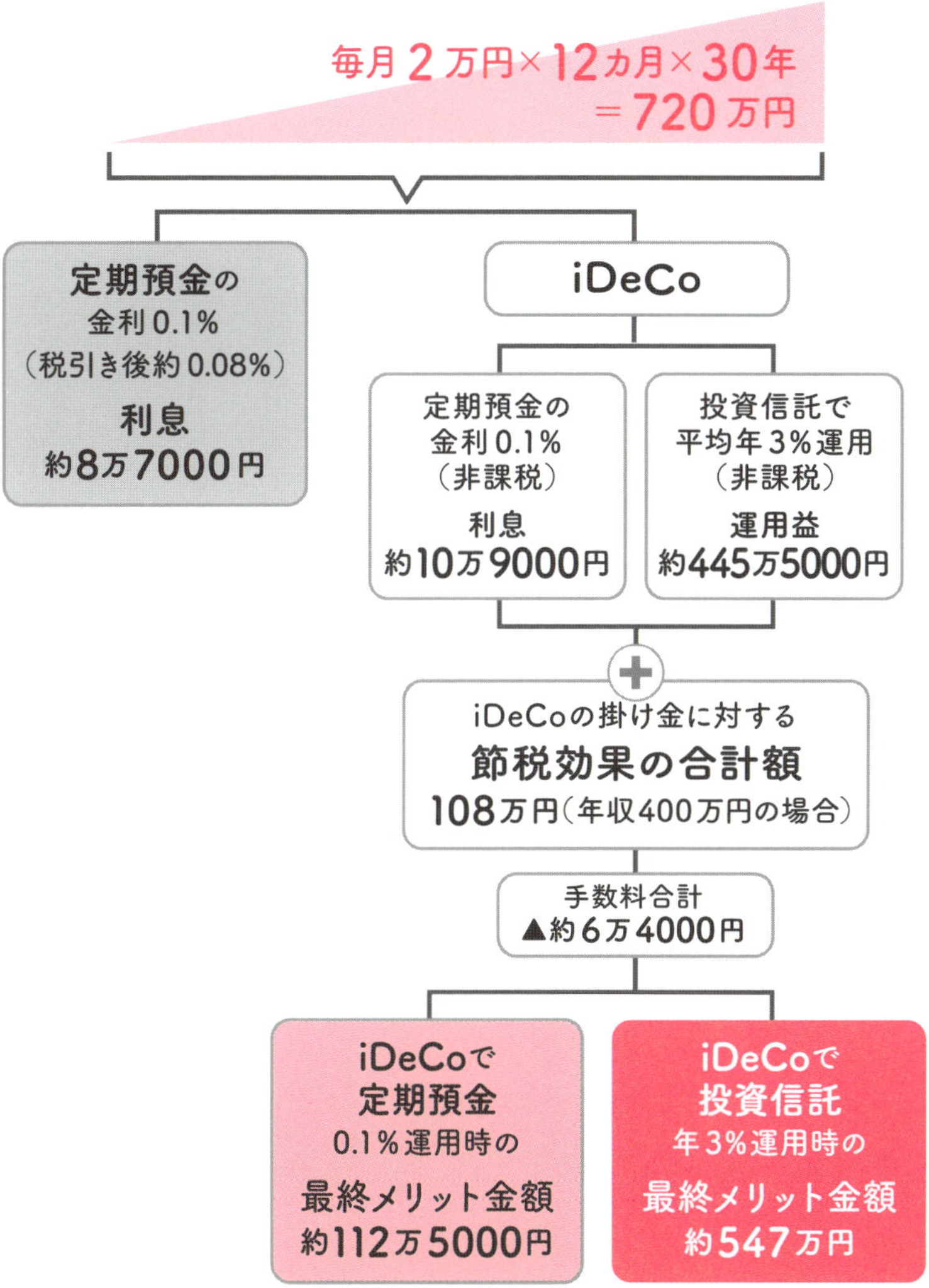

から、今納める所得税＆住民税が安くなります。

例えば年収400万円（課税所得が195万円以下）の人なら、1年間で約3万6000円の税金が安くなります。これが30年続けば、合計108万円の税金の軽減効果が得られます。そして税金の軽減効果は、税率が高い人ほど多くの税金が減額できるため、収入が高くなればiDeCoの節税効果も高くなります。

ただし、iDeCoには加入時に3000円弱と、最低でも月額171円の口座管理手数料がかかります。それでも月額5000円を積み立てると、最低税率の人でも月額750円の節税効果があるから、手数料分はカバーできます。

このように、手数料を払ってでもiDeCoの定期預金で運用すると、最終的に約112万5000円のメリットがあるのです。

また、投資信託で平均年3％の運用ができたとすると、最終的に約547万円も増える可能性があります。元本を合わせると、約1267万円の老後資産が準備できます。

税制と運用の知識の両方を生かして、あんしん老後の準備を行っていきましょう。

子育て世帯こそ、トータルプランニングを考えよう

いよいよ、この本も終わりに近づきました。

「教育費はいくらかかるの?」と考えると、世の中にあふれる教育費情報で不安になってしまいますね。でも、「わが家はいくらかけるか」という仮の教育費方針を決めると、今、行動することが明確になり、一歩進めるようになります。

- **教育費は総額ではなく、「毎月かかるお金」で考える。**
- **いくらかけられる? ではなく「いくらかける?」で準備する。**
- **正確な金額ではなく、「ざっくり」をつかむ。**

これが、賢い家族のお金の新ルールです。

生活費に教育費、住居費に老後資金に……と生きていくために必要なお金のモトとなるのは、あなたが働いて得た収入です。収入から納める社会保険料と税金を「取られるから仕方ない」と諦めるのではなく、この本をきっかけに「**いかに制度を活用するか**」という**プラスの発**

想に変えましょう。

健康保険には**高額療養費**制度があるから、自分が負担する医療費には上限があります。長期間働けないときでも会社員は**傷病手当金**があるから収入がゼロになることはありません。また、誰もが**障害年金**や**医療費控除**などの制度が使えるし、もしも子どもを残して亡くなったときには**遺族年金**も受け取れます。

こうした社会保険制度を知って保険の見直しができれば、今まで払っていた保険料が浮きます。そのお金で**iDeCo**を使った老後資金の準備ができれば、税金は安くなるし、保育料は下がり、高校・大学の**授業料無償化**制度が利用できるかもしれません。

また、浮いたお金を**NISA**でさらに増やすこともできるし、老後の不安が小さくなれば、**家族での楽しみにかけるお金が増え、人生の選択肢が広がります。**

こんなふうに、目の前の子どもの教育費から親自身の老後まで、**すべてのお金がつながっていることを意識して、安心して楽しく家族が過ごせるためのお金の知恵を実践**してみませんか？

かしこい家族はトータルプランニング

収入

手取り収入	税金	社会保険

↓ ↓

健康保険（高額療養費・傷病手当金）、年金制度（障害年金、遺族年金）の活用、税制の活用

↓

保険の見直し

↓

手取り収入の増加

↓

iDeCoに加入して老後資金の準備

↓

所得税・住民税の節約

→

保育料・高校授業料無償化などの教育費の節約

↑

使えるお金が増える

↑

人生の選択肢が増える

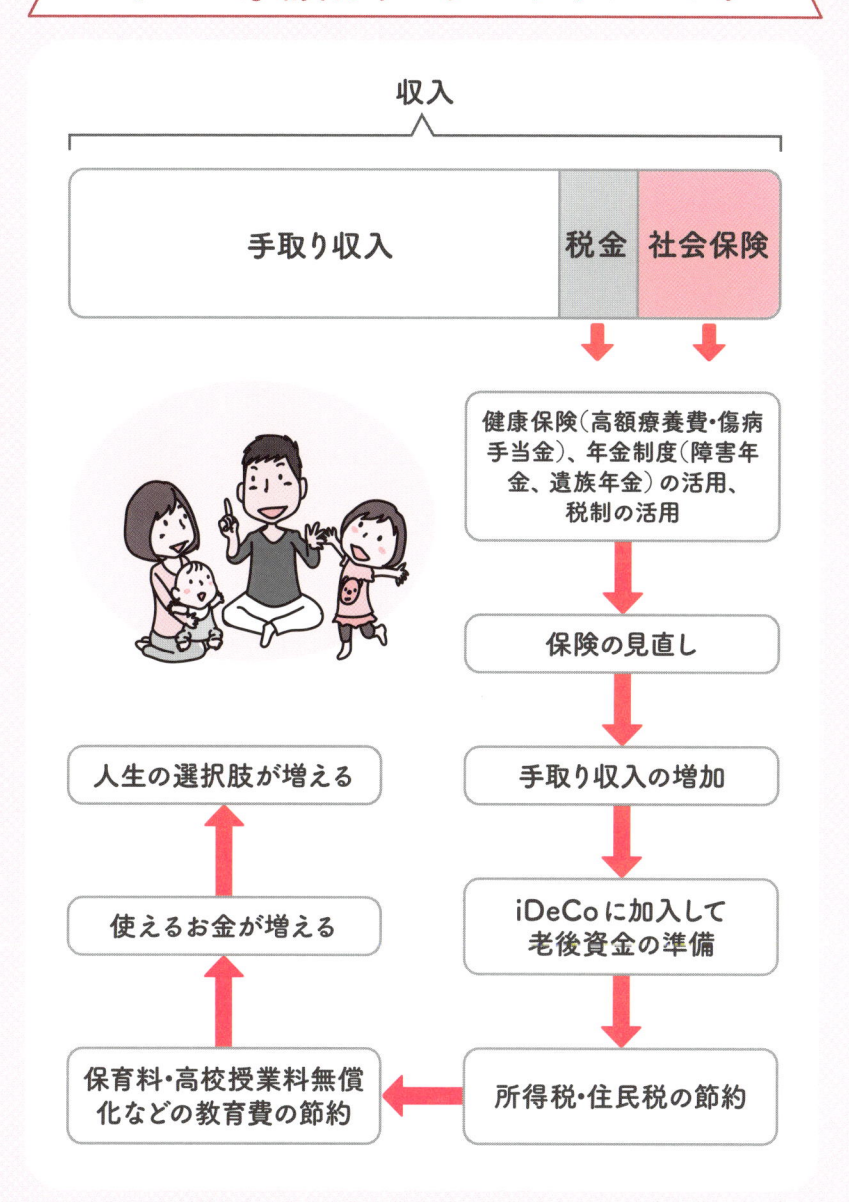

人生100年といわれる時代ですが、子どもと一緒に過ごす時間は限られています。

そのなかで、家族で過ごす時間。

夫婦で過ごす時間。

そして、自分のための時間。

何を優先して、何にお金と時間を使っていくか、夫婦の価値観を2人で話し合ってみてくださいね。

この本は教育費を中心にお伝えしましたが、もっと具体的に自分のお金のことを学びたい方は、拙著『本気で家計を変えたいあなたへ～書き込む〝お金のワークブック〟～』(日経BP／日本経済新聞出版）の最新刊（2024年8月時点では第5版）を手に取ってみてください。生まれてから亡くなるまでのお金について書き込みながらトータルで学べるから、あなただけの答えがきっと見つかります。

あなたの不安が安心に変わること、そして、家族で安心して楽しくお金が使える毎日になることを心から願っています。

※本書は2024年6月時点で確定済みの、同年10月以降の改正内容を反映しています。

【著者】
ファイナンシャル・プランナー
前野 彩（まえの　あや）

株式会社Cras代表取締役、FPオフィス will代表。CFP認定者、1級ファイナンシャル・プランニング技能士。
2001年に中学校・高校の養護教諭からFPに転身。「お金の安心と可能性をかたちに」を理念に、「知れば得トク、知らなきゃソンするお金の知恵」を伝える。『日経クロスウーマン（DUAL）』では2013年の創刊から2018年末まで連載を担当。金融商品の販売を行わない独立系FPとして個人相談を中心に活動するほか、講演やテレビでも活躍。『本気で家計を変えたいあなたへ　～書き込む“お金のワークブック”～』『書けばわかる！子育てファミリーのハッピーマネープラン』（ともに日経BP/日本経済新聞出版）など著書多数。

【監修協力】備 順子 税理士

教育費の不安にこたえる本

2018年　1月17日　第1版第1刷発行
2020年10月26日　第2版第1刷発行
2024年　9月11日　第3版第1刷発行

著　者　前野 彩
編　集　蓬莱明子、工藤千秋
発行者　佐藤珠希

発　行　株式会社日経BP
発　売　株式会社日経BPマーケティング
〒105-8308 東京都港区虎ノ門4-3-12

装丁デザイン　小口翔平＋神田つぐみ（tobufune）
本文デザイン、制作　藤原未央
イラスト・漫画　エイイチ

印刷・製本　TOPPANクロレ株式会社

ISBN 978-4-296-20632-2　Printed in Japan